장공의
생활신앙 깊이 읽기

장공의 생활신앙 깊이 읽기

2016년 9월 27일 초판 1쇄 펴냄

펴낸곳 도서출판 **삼인**

지은이 김경재
펴낸이 신길순

등록 1996. 9. 16 제10-1338호
주소 03716 서울시 서대문구 연희로 5길 82(연희동, 2층)
전화 (02) 322-1845
팩스 (02) 322-1846
전자우편 saminbooks@naver.com

디자인 디자인 지폴리
인쇄 수이북스
제책 은정제책

ISBN 978-89-6436-120-7 03230

값 12,000원

장공의
생활신앙
깊이 읽기

김경재 지음

삼인

머리말

장공의 글을 읽으면 정신이 맑아지고, 복잡하게 여기던 문제가 단순해지며, 현실과 너무 많이 타협하고 살면서 속물이 되어가는 자신의 신앙을 성찰하게 된다. 이 책은 장공신학 특징을 드러내는 여러 어휘들 중에 '생활신앙'에 주목하였다. 장공에게 있어서 '생활신앙' 또는 '생활신학'은 유교 전통에서의 실학實學처럼 그의 기독교적 실학정신의 표출이었다.

「장공의 생활신앙 깊이 읽기」라는 제목을 붙여 장공의 신학사상과 그의 기독교 영성의 입문서로서 이 작은 책을 세상에 내놓는다. '생활신앙'이라는 어휘의 의미는 본론에서 살펴보겠지만 어려운 말이 아니다. 오늘날 한국 기독교 위기의 본질은 '생활과 신앙의 분리'

에 있으며, 그 분리의 원인은 기독교 신앙을 오해하는 데서 나오기 때문이다.

장공 김재준 목사(1901-1987)는 한국 개신교 역사에서 진보적 신학 교육자요, 역사 참여의 신학자로 알려져 있다. 구체적으로 장공은 장로교 신학교 강의실에서 성서비평학을 공식적으로 가르친 일 때문에 1952년 당시 보수적 장로교 교단으로부터 이단으로 정죄되었다. 종교개혁자 마틴 루터를 중세 교황청 교권주의가 파문한 것과 비교한다면 지나친 일일까? 생각해보면, 장공이 파문당하고 보수 기독교 교권주의자들에게서 배제당한 것은 단순히 성서 연구 방법론 때문만은 아니다. 루터가 교황청에게 위험인물이었던 것처럼, 장공은 당시 교권주의자들에게 위험인물이었다.

왜냐면, 장공의 기독교 이해가 저들과 달랐기 때문이다. 복음 이해가 달랐고, 예수를 어떻게 믿는 것이 바른가, 교회란 본질적으로 무엇인가 하는 기본 입장이 달랐던 것이다. 장공 자신은 교권에 의해 나무둥치에서 생가지가 찢겨져 나간 듯한 희생자였지만, 스스로 담담하게 하나님의 시대 경륜 안에서 열매 맺을 '결과지結果枝'로서 자신의 사명을 뚜렷이 자각했다. 새 포도주는 어차피 새로운 가죽 부대를 필요로 했던 것이다. 한국 장로교의 분파운동으로 매도되는 장공의 고독한 메아리는 교회라는 종교 울타리를 넘어, 지난 1970년대, 80년대의 어두운 시절에, 종교를 떠나 한국 사회의 깨어 있는 지성인들에게 '정신적 어른'으로 존경받았던 것이다.

내년(2017)이면 장공이 소천한 지 어느덧 30주년이 된다. 그동안 장공의 삶과 사상을 알아보려는 적지 않은 노력들이 기독교장로회 교단을 비롯한 후학들에 의해 추진되어 왔지만, 아직도 그 결실은 미미하다. 장공長空이라는 아호는 둘도 없는 믿음의 형제요 신학의 학형이었던 만우晩雨 송창근 목사가 지어준 것이라 한다. 아우의 인품이 가을하늘 푸른 창공처럼 맑고 넓고, 그의 품은 뜻과 지조가 길고 먼 곳까지 응시하기에 지어준 아호라 한다.

장공이라는 그의 아호 때문일까? 장공을 존경하고 우러러보는 기장 산하 교역자들과 신도들과 신학생들도, 정작 장공 신앙의 본질이 무엇인지 되묻는다면 대답이 쉽지 않다. 기껏해야 '역사 참여를 통해 현실을 복음으로 변화 개혁시키려고 하신 분' 정도이다. 교회 개혁자, 현실참여의 비판적 예언자, 열린 신학 교육자 같은 구호로만 알려진 그의 진면목을, 핵심 신앙 내용을 좀더 또렷하게 알아보려는 것이 이 책의 목적이다. 사진 촬영 기법으로 비유하면, 줌 zoom 렌즈로 피사체를 확대하거나 축소하듯이, 장공의 기독교 이해 초점을 좀더 깊이 들여다보기도 하고 크고 넓게 보기도 하며 또렷하게 밝혀보자는 것이다.

이 책은 장공의 삶과 사상에 관한 연구논문은 아니다. 그의 말씀을 직접 주목하면서 되새김함으로써 그동안 장공 사상의 스펙트럼이 너무 넓어 다소 막연하다고 생각하던 젊은이들과 신도들이 장공의 삶과 사상을 쉽게 이해할 수 있게 안내하는 것이 목적이다. 동시에, 장공신학으로 목회하면 교회 부흥이 잘 안 된다고 생각하는 터무니없는 일부 목회자들의 기우를 해소하는 데에도 도움이 되기를 바란다. 장공의 말씀 인용은 「김재준 전집」(총18권, 1992)에서 가려 뽑았고, 「장공 김재준의 삶과 신학」(2014)과 김희헌이 뽑아 엮은 장공어록문집 「하나님만 믿고 모험하라」(2013)도 참고하였다.

장공이 남긴 글을 다시 한번 되새김해보니 진정 장공은 예수를 끔찍이 사랑하고 예수만을 온 생명으로 모시고자 한 신앙인이었고, 시대를 거슬러 올라가는 비판적 예언자였고, 땅 위의 불완전한 교회를 사랑하면서 우주적 사랑의 공동체인 하나님 나라 비전을 평생 놓지 않고 사셨던 진정한 그리스도인이었다는 것을 깨닫게 된다.

2016년 음력 9월 26일
장공 탄생 115주년 기념일에
김경재

차례

제 1 강

/

생활신앙

【장공의 글 읽기】

　우리가 신앙한다 할 때, 그것이 우리 생활의 한 부분인 것 같이 생각하기 쉽다. '신앙생활'이라 할 때 경제생활, 정치생활 또는 직장생활 등등이 있는 가운데서, 믿는 사람에게는 신앙생활이란 것이 또 하나 덧붙는다는 것으로 해석하기 쉽단 말이다…그런 하나의 액세서리로서의 신앙생활이란 아무 위신도 명령권도 없는 것이어서 불편하면 언제나 버림받을 성질의 것이다. 그러므로 신앙생활이란 표현이 아니라 '생활신앙'이란 표현으로 신앙이 정립되어야 한다고 믿는다.

신앙생활에서 생활신앙에로, 「전집」 제9권, 152쪽

　생활이란 '몸'과 같이, 삶 전체로서의 활동이기 때문이다. 우리가 산다는 데는 모든 것이 다 걸려든다. 정치, 경제, 문화, 개인, 가정, 사회, 의식주 등 모든 것이 서로 얽혀든다. 그러므로 우리가 정말 전 존재를 바쳐 하나님을 믿고 전 존재를 이끌어 이웃을 사랑한다면, 그 신앙과 사랑은 우리 '삶' 전체로서 고백되지 않을 수 없다. 이 점이 애매하기 때문에 지금의 크리스천이 생활에 진지하지 못한 것은 아닐까 한다.

신앙생활에서 생활신앙에로, 「전집」 제9권, 152쪽

　"생활로 믿는다. 믿음을 생활화한다."고 하는 말은 쉬운 일이 아니다. 크리스천 생활이란 그리스도 사랑 안에서, 그리스도의 마음을 가지고 그리스도처럼 하나님을 사랑하고 인간을 사랑하는 생활이라고 한다면, 그것을 목표로 하고 일상생활에서 만나는 사건마다 경영하는 사업마다 그것을 실현시키려는 행동을 취해야 할 것이다. 그런데 그것이 무척 어렵다는 말이다.

신앙생활에서 생활신앙에로, 「전집」 제9권, 152쪽

　우리가 신앙에서 관념적인 것을 그렇게 경계하고 실천적인 것을 그렇게 강조하는 이유는 양자택일을 위한 데 있는 것이 아니라, 그것이 몸으로 되어 '말씀이 육신이 된' 것 같이, 관념이 생활로 되어 그 증거가 생명책에 기록되게 하려는 데 있는 것이다. 나는 생명책을 역사에 영원히 살아남는 진실의 증거라고 본다. 역사는 하나님의 테이블table이다.

신앙생활에서 생활신앙에로, 「전집」 제9권, 154쪽

　나는 한국 크리스천 신앙에 무언가 근본적인 잘못이 있다고 절감했다. 관념으로서는 무엇이 옳다는 것을 알면서도 생활 결단에서는 불의한 탐욕에 합류하는 것을 오히려 부득이한 것으로 아는 '죽은 믿음'의 소유자만을 기른 것이 아닐까?

신앙생활에서 생활신앙에로, 「전집」 제9권, 155쪽

　히브리 사람들은 순수이념을 그리 높이 평가하지 않습니다. 몸이 없으면 생명이 구현되지 않는다고 믿었습니다. 믿음도 '몸'으로 하지 않고서는 그 속에 생명이 없다는 것입니다. 그리스도가 '몸'으로 세상에 오셔서 '몸'으로 봉사하고 '몸'을 드려 속죄 제물을 삼으시고 '몸'으로 승천하시고 '몸'으로 다시 오신다는 데는 큰 진리가 있는 것입니다. 그리스도 교회가 그리스도의 '몸'이라면 그리스도가 '몸'으로 하신 일과 같은 일들을 교회가 역시 '몸'으로 실천해야 한다는 것입니다.

교회의 전선,「전집」 제3권, 81쪽

기독교는 생명의 종교, 삶의 종교, 생활 건설의 종교, 살리는 종교다. 삶이 죽음으로 끝나고, 있는 것이 없는 것으로 귀결된다는 방향을 그대로 시인하고 체념하거나 이원론적 철학으로 자위하는 종교는 아닌 것이다. 우리의 삶을 위하여 결핍한 것은 창조하고, 좋지 못한 것은 개선하고, 황폐한 것은 재건하고, 죄악으로 허물어진 인간성은 속량의 사랑으로 회복하고, 죽음의 권세 아래 있는 삶은 부활로 정복하여 영원한 생명을 약속하는 종교가 곧 기독교인 것이다. 왜냐하면 우리가 믿는 하나님이 그러한 하나님이기 때문이다. 사람의 신앙은 그 생활에서 증거되는 것이다.

부활신앙과 생활종교, 「전집」 제9권, 432쪽

    장공의 생활신앙 깊이 읽기

【내용 새김】

이 책 제일 첫 강의 주제를 '생활신앙'이라고 정한 것은 책 제목 자체가 「장공의 생활신앙 깊이 읽기」인 때문만은 아니다. 장공 선생이 나이 여든셋이 되던 해, 캐나다에서 10년 동안 조국의 민주화 평화통일 운동을 하고 귀국하기 직전, 장공은 자서전이기도 하고 생활 비망록이기도 한 「범용기凡庸記」를 캐나다에서 출판했다. 그 「범용기」 제6권의 후기에서 다음 같은 매우 의미심장한 말씀을 남기고 있다.

> 장공이 글을 많이 쓰는 축에 들 것 같습니다만, 체계 선 신학 논문을 발표한 것이 거의 없습니다. 각주(foot-note)를 준비할 만큼 학문적일 수도 없겠고, 그럴 집념도 없고, 그것이 성미에도 맞지 않기 때문이라 하겠습니다. 그래도 글 쓰는 것은 장공의 한 '도락道樂'이어서, 쓰지 않으면 예레미야의 말마따나 '뼈 속에 숯불 피운 것' 같아서 견뎌낼 수가 없게 됩니다. 학문적인 것이 아닌 글이라면 '잡문雜文'일 밖에 없겠고, '잡문'이라는 어휘가 못마땅하다면 '생활기록'이란 이름의 글일 것입니다. 그래서 그런 따위 글을 써 가노라면 장공에게도 무슨 '신학'이 있는 것 같이 느끼어집니다. 그걸 무어라 부를까? '생활신학'이라 하자! 마치 유교의 실학파마냥 기독교의 '실학파實學派' 구실을 하면 어떨까?

「전집」 제6권, 354쪽

위의 인용문에서 장공은 자신의 소회를 소탈하게 피력하면서, 그의 신앙과 신학을 일이관지一以貫之하는 정신의 핵심을 표출하고 있다. 한 사람의 그리스도인으로서, 신학자로서, 목사로서, 그리고 문필가로서 그가 하고자 한 일은 '기독교적 실학 정신'의 구현이었던 것이다. 이름하여 '생활신앙' 혹은 '생활신학'이 그것이다.

조선조 500년 동안 유교가 한민족의 사상과 삶을 이념적으로 주도했지만, 세월이 흐를수록 초창기 생활철학으로서의 생동성은 사라지고 주자학의 형이상학이 공리공론空理空論만 일삼는 가운데 양반 특권층의 독점물로 사유화私有化되고 말았다. 그런 가운데 민초들은 도탄에서 헤매게 되었다. 17, 18세기에 이르러 봉건 사회에 대한 개혁운동이 실학운동으로 나타났다. 이익, 박지원, 박제가, 홍대용, 김정희, 안정복, 이가환, 정약용 같은 대표적 실학 사상가들이 '경세치용經世致用', '이용후생利用厚生' 그리고 '실사구시實事求是'를 핵심 정신으로 내세우며 실학운동을 이끌었다.

필자가 실학운동을 언급하는 이유는, 장공의 신앙과 신학 사상의 형성 밑바탕에 실학파 정신이 흐르고 있음을 주목하려는 것이다. 물론 장공의 신앙 및 신학의 원점과 샘터는 예수 그리스도이다. 그러나 예수의 복음씨앗이 떨어져 발아하기 위하여 옥토가 필요하듯이, 장공 마음의 옥토는 정신사적으로 유가 전통이었는데 특히 함북 지방에 뿌리내린 실학파적 유교 정신, 곧 '실사구시' 정신이었다.

조선 실학파의 최후를 대표할 만한 박제가가 함북 종성에 유배되어 지내는 3년 6개월 동안, 그의 영향을 입어 함북의 회령, 종성, 경원 등지에서 실학파 석학들이 많이 배출되었다. 장공의 외가外家 혈통으로 말하면, 모친 채 씨는 함북 경원군 용계면 함양동에서 출가하여 장공의 아버지 김호병 씨와 결혼하였는데, 경원 지방 실학의 대석학 채향곡 선생의 4대 후손이었다. 자연히 허례허식보다는 성실, 공리공론보다는 실천, 형식보다는 실질, 귀족성보다는 평민성을 중시하는 가풍의 가르침을 받고 자랐던 것이다. 산촌의 시골 소년을 고건원보통학교와 회령간이농업학교로 입학시킨 장본인들은 장공의 외가 친척들이었다.

"사실에 기초하여 진리를 탐구한다"는 실사구시의 실학 정신은 장공의 신앙과 신학 형성에 중요한 요소로 작용한다. 교리적 신조가 신성불가침 영역으로 성역화된 1930년대 한국 장로교 신학계에 '비판적 성서연구 방법'을 수용한다든지, 학문과 경건과 실천을 함께 추구하는 신학 교육을 강조한다든지, 무엇보다도 기독교 신앙이란 삶으로서 생활 가운데서 열매 맺는 진리여야 한다는 '생활신앙'의 강조가 그것으로 나타난 것이다. 1960년대 이후, 민주주의 인권운동과 평화통일운동에 적극 참여한 것도 '기독교적 실학파' 정신의 발로였던 것이다.

오늘날 한국 기독교계만이 아니라 종교계 일반의 가장 큰 문제는 종교인들이, 특히 종교계 지도자들이 말과 행동이 일치하지 않다는 데 있다. 이런 병폐는 다른 종교보다 개신교가 더욱 심각해 지금 개신교는 처음 전래된(1884) 이래로 최대의 위기를 맞고 있다. 장공은 한국 개신교의 이런 위기의 근본적 문제가 바로 생활신앙의 결여에 있다고 본다. 교리 수용이 곧 믿음이라고 착각하는 관념적 신앙, 부흥회의 뜨거운 감동을 중시하는 감성적 신앙, 주일날 교회 안에서만 성실하고 착한 교인 노릇을 하는 교회중심주의적 신앙들은 핵심은 놓치고 한쪽으로 치우쳤기에 큰 문제라고 본다. 물론 신앙생활에서 교리 강조, 부흥집회, 성수주일과 교회 봉사, 신학 연구 등등이 모두 필요하지만 그것들이 기독교의 핵심은 아니다. 기독교 신앙의 핵심은 예수 따름, 예수 닮음, 예수 살기에 있다.

그러나 한국 개신교 역사가 비록 짧지만(1884-2016), 지난 130여 년 동안에 '신앙과 삶'을 하나로 통전하여 신앙을 삶과 생활로써 증거한 수많은 신앙 선배들이 있다. 일제강점기의 민족 지도자 조만식과 안창호, "내 삶이 곧 내 유언이다"라고 선언한 참 교육자인 북간도의 김약연과 정주 오산학교의 이승훈, 헌신과 봉사의 사람 김교신과 장기려, 농업에 종사하면서 "잘 사는 것보다 바르게 삶이 중요하다"고 가르친 김용기와 정농회의 원경선, 남북의 화해자 문익환과 이우정 등등 "구름같이 둘러싼 허다한 증인들"(히12:1)이 있다.

기독교대한복음교회(초대목사 최태용) 설립 정신의 세 가지는 첫째, 신앙은 생명적이어라, 둘째, 신학은 학문적이어라, 셋째, 교회는 조선인 자신의 것이어라였다. 언제 다시 들어도 감동적이고 새롭다. 특히 "신앙은 생명적이어라!"라는 모토는 오늘에는 "신앙은 생활적이어라!"라고 새겨들어야 할 것이다. 예수님의 단호한 말씀이 새롭게 들려야 한다. "나무도 좋고 열매도 좋다 하든지 나무도 좋지 않고 열매도 좋지 않다 하든지 하라. 그 열매로 나무를 아느니라."(마12:33)

제
2
강

/

기독교의 특징

【장공의 글 읽기】

　그리스도교는 "사람아 네가 어디 있느냐?" 하고 부르시는 말씀에서 시작됩니다. 그러므로 그리스도교는 진실로 '너'와 '나'의 대좌에서 생기는 인간적 종교입니다…예수에게 있어서 가장 귀한 보배가 있다면, 그것은 인간이었습니다. 그에게는 천하를 얻는 대제국의 영화보다도 한 타락한 인간을 건지는 것이 더욱 큰일이었습니다. 땅 위에서 죄에 허물어진 인간 하나가 바로 잡혀지는 때 천상에서 천군천사의 기쁜 잔치가 벌어진다고 그는 말씀하셨습니다…그의 종교는 철두철미 '인간성 재건'의 종교였습니다.

기독교의 기본 문제, 「전집」 제4권, 2-3쪽

　그리스도교는 윤리적인 종교입니다. 의로운 사랑의 종교입니다. 모든 그리스도교적인 품격, 생활은 이 '거룩한 사랑'에서 흘러나오는 것입니다. 종교에는 불교처럼 형이상학적인 것도 있습니다. 깊은 침묵과 명상에서 자기 자신의 '아트만atman'을 더듬어 본다거나, 모든 차별의 세계에서 해탈하여 "하나의 세계에 귀일한다"는 등의 종교가 아닙니다. 그리스도교는 선을 행하라는 하나님의 명령에 엄숙한 의무를 지는 종교입니다. 아름다움이란 것도 선善인 때에만 그리스도교적이 됩니다. 진리도 선을 위한 질서인 것입니다.

기독교의 기본 문제, 「전집」 제4권, 4쪽

그리스도교의 생명은 '그이' 곧 그리스도 자신입니다. 하나님의 독생자, 영원히 살아 지금도 일하시는 그리스도 자신이십니다. "말씀이 육신을 이루어 우리 가운데 거하시매 우리가 그 영광을 보니 아버지의 독생자의 영광이요 은혜와 진리가 충만하더라"고 하였습니다.

기독교의 기본 문제, 「전집」 제4권, 6쪽

우리가 그리스도교에 대하여 얼마 안다 손 치더라도 '그리스도' 자신은 모르고 있을지 모릅니다. 또는 우리가 칸트나 헤겔에게서처럼 그리스도교적 철학의 얼마는 알고 있으나 살아 계신 그리스도 자신은 만난 일이 없을지 모릅니다…"예수를 믿는다"라고 할 때 '믿음'의 가장 뚜렷한 특징은 '인격적인 신임(personal commitment)'일 것입니다…믿음은 신자 하나하나와 그리스도 자신과의 인격적 응답입니다. "그에 대하여 이야기 하는 것(speaking about Him)"이 아니라 "그에게 이야기 하는 것(speaking to Him)"입니다.

기독교의 기본 문제, 「전집」 제4권, 7, 9쪽

기독교가 무어냐 할 때, 너무 신학적으로 어려운 정의를 찾아야 할 필요는 없다. "기독교는 예수를 닮으려는 종교다." 기독교는 책의 종교가 아니다. 그런데 한국교회(장로교)에서는 성서주의를 강조하여 성서문자무오설까지 맹신하며 "기독교는 책의 종교다" 하여, 예

수의 권위도 성서가 좌우하는 것 같이 가르쳤다. 그러나 기독교는
살아 계신 하나님의 아들 예수를 믿는 종교요, 신구약 성경이라는
'책의 종교'가 아니다.

한국교회의 기독교화, 「전집」 제9권, 359-360쪽

　예수의 종교는 어떤 것인가? 그것은 우선, 그 방향에 있어서 하
늘이 땅에로, 하나님이 인간이 되어 역사 가운데 오신 종교다…무
엇 때문에 오셨는가? 그는 인간을 찾기 위하여 오셨다. 그러나 그는
인간들을 찾아 하늘에 끌어 올려 천사 같은 영물이 되게 하기 위하
여 오신 것은 아니었다. 하늘이 땅에 내려온 것은 땅을 하늘에 올리
기 위함이 아니라, 하늘이 땅의 몸이 되기 위함이었다. 하나님 아들
이 인간이 된 것은 인간들의 혼, 인간성이 하나님 아들딸로서의 바
탕을 갖게 하기 위함이었다.

한국교회의 기독교화, 「전집」 제9권, 360쪽

　원래 기독교란 생명의 종교, 생활의 종교, 생활 건설의 종교, 살리
는 종교로 시종일관되어 있다. 성경의 맨 처음 구절은 "태초에 하나
님이 하늘과 땅을 창조하셨다." 하는 것으로 시작된다. 없는 데서 있
게 하고, 있는 것을 더욱 풍성하게 하는 창조주를 믿는다는 것이다.
"생육하고 번성하여 땅에 충만하라!"는 것이 신의 축복이었다. 그런
영원한 삶의 고장에 죽음이 개입했다. 그것은 어디까지나 죄악적인
것이요, 인간성의 타락상이요, 변태적인 것이라 했다. 그래서 이 파

괴적인 죽음의 세력을 극복하고 영원한 생명을 회복하는 것이 속량이요, 구원이라는 것이다.

신앙생활에서 생활신앙에로, 「전집」 제9권, 163-164쪽

【내용 새김】

기독교란 어떤 종교인가? 기독교의 본질은 무엇인가? 어찌 들으면 너무 진부한 질문이기도 하고, 그리스도인이라면 어느 정도 이미 다 알고 있는 문제를 괜히 꺼낸다 할 것이다. 그러나 깊이 생각해보면 이 질문은 거듭거듭 진지하게 되묻고 성찰해야 할 문제다. 장공은 이 문제를 진지하게 다시 묻는다. 기독교란 무엇인가?

캐나다의 저명한 종교학자인 윌프레드 캔트웰 스미스Wilfred Cantwell Smith는 그의 명저 「종교의 의미와 목적」이라는 책에서 '종교(religion)'라는 말과 '신앙, 믿음(faith)'이라는 말을 조심해서 구별할 필요가 있다고 강조하였다. 왜냐하면 '종교'라는 어휘가 본래 지녔던 참뜻이 경직화되고 심지어 물상화物像化(reification)되어 '축적된 전통(cumulative tradition)'이 되어버렸고 외면적, 가시적, 교리적인 어떤 내용처럼 변질되었기 때문이다.

유럽의 정신문화에서 라틴어의 중요성은 무시할 수 없다. 그런데 현재 영어의 '릴리전religion'은 라틴어 '렐리기오religio'에서 온 것

인데, 라틴어 'religio'의 뜻은 요즘 말하는 '종교'라는 말로는 충분하지 않고 '경건, 영성, 종교성'을 의미한다. 그러므로, 우리가 잘 아는 장 칼뱅(요한 칼빈)의 명저 「기독교 강요綱要(Christianae Religionis Institutio)」는 칼뱅의 의도에 따른 좀 더 정확한 번역은 「기독교적 경건성의 체계」라야 한다. 말하려는 핵심인즉 '종교'라는 말은 본래 살아 생동하는 '경건, 신앙, 영성'을 의미한다는 것이요, 결코 교리, 신학 체계, 종교 의례 등을 의미하지 않는다는 것이다.

장공은 한국 기독교가 본래의 생동하는 영적 종교로서의 역동성, 경건성, 영성을 잃어가면서 그 대신 종교화되어 가는 것을 매우 걱정하고 경고했다. 기독교의 근본주의가 말하는 다섯 가지 근본 교리를 수락하고 동의하는 것이 기독교의 본질이라고 본다든지, 정통 신학이나 외형적 교세의 나타남이 기독교의 본질인 것처럼 착각하는 시대사조를 경고하는 것이다. 기독교 근본주의자들이 말하는 다섯 가지 기독교의 핵심 교리는 성경의 무오성, 예수 그리스도의 동정녀 탄생, 그의 대속적 죽음, 그의 부활, 그리고 그의 육체적 재림을 말한다.

정통 신학에서도 근본주의자들의 다섯 가지 교리를 그대로 강조하지는 않지만 삼위일체 교리, 인간의 원죄설, 하나님의 예정선택론, 예수 그리스도의 신인양성론神人兩性論, 마리아 무흠수태론이나 승천론, 교황무오설 등을 덧붙이거나 대치하기도 한다.

장공은 기독교인들의 신앙생활에서 건전한 교리나 신학의 중요성과 유익성을 부정하지는 않는다. 그러나 위에서 예를 든 이런저런 기독교 교리를 수락하거나 동의하는 것이 기독교의 본질이라고 보지 않는다. 교리, 신학 체계, 예배예전禮拜禮典, 성직 질서와 직제, 교회당의 건축양식 등등은 그야말로 초대 그리스도교 공동체가 역사 속에서 살아가면서 해당 문화, 예술, 철학, 시대사조와 겨루면서 형성된 '축적된 전통'인 것이다.

장공이 강조하는 기독교의 특징은 인간이 하나님을 찾아가고 구원을 추구하는 방향에서 '아래로부터 위로'의 종교가 아니라, 하나님이 먼저 찾아오시는 '위로부터 아래로'의 종교라는 점을 강조한다. 한마디로 은총의 종교, 계시의 종교, 부르심에 응답하는 종교라는 것이다.

인간이 유한자로서 무한을 질문하고, 상대적 존재로서 절대를 추구하고, 불완전한 존재로서 완전을 추구하는 '존재론적 물음, 갈증, 열정'은 귀중한 것이지 결코 폄하할 것은 아니다. 그렇지만, 기독교가 여느 고등 종교들과 두드러지게 다른 점은 기독교인은 "내가 기독교를 나의 종교로 선택했다"는 느낌이 아니라 "내가 부르심을 받았고, 초청을 받았고, 용납되었다"는 느낌을 갖는다는 것이다.

그러므로, 아무리 인간의 성숙성과 책임성과 인간성 본래의 선함을 강조하더라도, 기독교 신앙의 특징은 '종교철학'이 아니고 '창조주 하나님에 대한 신앙'이며, 내가 피조물이라는 또렷한 자기의식과 함께 "신성한 성품에 참여하는 자"(벧후1:4)가 되라고 초대받았다는 고백을 하게 된다. 베드로전서의 표현을 빌리면 "너희는 택하신 족속이요 왕 같은 제사장이요 거룩한 나라요 그의 소유가 된 백성이다. 이는 너희를 어두운 데서 불러내어 그의 기이한 빛에 들어가게 하신 이의 아름다운 덕을 선포하게 하려 하심이라"(벧전2:9)는 것이다. 이것이 기독교라는 종교의 첫번째 특징이자 본질이다.

둘째, 장공이 이해하는 기독교라는 종교의 특징은 철저히 예수 그리스도라는 분의 삶, 교훈, 십자가 죽음, 그리고 부활과 관련된 '예수 생명'의 우주적 파동 사건이라고 강조한다. 앞의 '장공의 글 읽기'에서 인용한 대로 "그리스도교의 생명은 '그이' 곧 그리스도 자신입니다"라고 장공은 짤막하게 끊음으로써 기독교의 본질을 갈파한다.

필자는 유가儒家의 가정에서 자라다가 돌연변이처럼 어느 날 문득 성령의 붙드심과 부르심을 받았다. 요즘 말로 하면 '소명召命'을 받아 신학이라는 학문이 무엇인지도 모르고, 신학교가 교단별로 따로 있는 줄도 모른 채 신학에 지망하고자 했다. 이 일로 담임목사 백영흠 목사(광주 동부교회)에게서 상담과 세례문답을 받는 자리를 가졌다. "김 군은 복음이 무엇이라 생각하는가?" 하는 백 목사의 물음에 설익은 청년은 횡설수설 대답했다. 백 목사는 조용히 듣고 나서 이렇게 말씀했다. "복음이란 예수 그리스도라네!" 그 말씀의 깊은 의미를 그때는 몰랐지만, 60년이 지난 지금에야 이해가 된다.

평생 신학 교육자로서 일하였고, 교단과 교회를 위해 살았고, 교회의 사회적 책임을 위해 수고하신 장공은 말씀한다. "기독교가 무어냐 할 때, 너무 신학적으로 어려운 정의를 찾아야 할 필요는 없다. 기독교는 예수를 닮으려는 종교다." 장공 김재준 목사와 백영흠 목사의 말은 같았다.

　무슨 말을 더 덧붙일 필요가 있을까? 오늘 한국 기독교는 ‘예수 그리스도에 관한’ 전문 신학자, 설교자, 기관 사업 운영자, 신학교는 많다. 그러나 “예수를 따르고, 닮고, 살아내는 신앙인”은 드물다. 그것이 기독교 위기의 본질이다. “근본이 바로 서면 살길이 생긴다”고 했다. ‘예수’라는 신앙의 원점原點으로 돌아가자.

제 3 강

성경의 목적영감론

【장공의 글 읽기】

하나님의 '말씀' 자체는 절대 무오無誤하나 그것을 표현하는 양식
과 그 표현에 사용된 소재 등은 사람과 시대에 따라 다양성을 가지
고 있으며, 동시에 그 시대의 범위를 벗어나지 못한 것이 적지 않다.

축자영감설과 성서무오설에 대하여, 「전집」 제2권, 20쪽

내가 성경 문자무오설을 배격하는 것은 성경의 권위를 파괴하려
는 것이 아니라 그 권위를 정당한 기초 위에 수립하기 위해서다. 성
경 자체의 사실이 문자적 무오를 입증해 주지 않는데도 구차스럽게
그 학설을 고집한다는 것은 '경건한 기만'이다.

축자영감설과 성서무오설에 대하여, 「전집」 제2권, 26쪽

성경은 과학을 가르치기 위한 교과서가 아니다. 철학을 가르치기
위한 철학 개론도 아니다. 성경은 영혼의 구원을 위하여 예수를 지
향하고 증언하는 책이다. 그러므로 성경을 읽고 예수님을 만나 그
를 믿고 구원을 얻었다면 우리가 성경에서 기대한 것은 다 얻은 셈
이다. 성경이 자기 목적을 어김없이 달성하는데 성경이 틀렸다고
할 사람이 어디 있겠는가?

축자영감설과 성서무오설에 대하여, 「전집」 제2권, 27쪽

우리는 그리스도 중심으로 생각해야 한다. 우선 그리스도의 정신

을 옳게 파악하고, 그 정신으로 그의 교훈을 읽고 신약을 읽고 구약을 읽어야 미로에 빠지지 않는다. 종교와 도덕을 그리스도께서 '완전케 하셨다'는 것을 잊어서는 안 된다. 성경, 특히 구약은 그리스도의 정신으로 간단없이 재비판을 받아야 한다. 그러지 않으면 구약의 신앙, 규범, 도덕법 등을 빙자해 가지고 얼마든지 비기독교적이며 비복음적인 주장과 생활을 할 수 있는 까닭이다. '그리스도 안에서' 성경은 신앙과 행위의 정확무오한 유일한 법칙이다. 이렇게 성경을 성경이 설 자리에 서게 하고 그 목적론적인 면에서 성서무오설을 수립할 때, 우리는 어떤 사람을 향해서든 대담하게 전도할 수 있다.

축자영감설과 성서무오설에 대하여, 「전집」 제2권, 28쪽

성서비판학이란 성서의 사실에 대한 연구요, 어떤 교리나 신조를 전제로 한 연구가 아니다. 객관적 사실을 실상 그대로 파악하려는 것이요, 어떤 기성 교리 변증을 위한 사실의 도구화를 기도하는 것은 아니다…성서비판학은 편의상 네 부분으로 나뉜다. 본문비판, 언어비판, 문학적 비판, 역사적 비판이 그것이다…본문비판과 언어비판을 합하여 '저등비판'이라 부르고, 문학적 비판과 역사적 비판을 합하여 '고등비판'이라 부른다.

성서비판의 의의와 그 결과, 「전집」 제2권, 58쪽

고등비판이란 무엇인가? 그것은 "성서의 기원과 원형과 원저자

의 의도 등을 과학적 방법에 의하여 연구하는 학문이다." 이것은 성서 연구 방법 중의 하나로써 어떤 철학적 전제를 가진 것도 아니며, 어떤 교리를 시인하기 위함도 아니요, 반대하기 위함도 아니다…그러므로 고등비판을 애초부터 파괴를 목적한 학문인 것 같이 생각하는 것은 큰 잘못이다…"진실한 비판이란 진리 탐구의 필요한 표현으로서, 하면 할수록 더욱 진리는 빛나는 것이다."

성서비판의 의의와 그 결과, 「전집」 제2권, 59쪽

성서가 비판됨으로 말미암아 그 진가가 상실된 일이 없을 뿐 아니라, 도리어 종래의 불순한 진애塵埃가 일소되고, 그 본질적인 것이 더욱 뚜렷이 드러났다고 할 수 있다. 종래에는 사이비 신학자들이 자기가 추상해낸 교리를 옹호하기 위하여 자기에게 편할 대로 성경을 왜곡 사용하는 일이 많았다. 그러나 문학적, 역사적 비판의 결과 그런 불경건을 범하지 못하게 되었으며, 소위 우의적寓意的 해석이니 교리적 해석이니 하는 것 때문에 성경 기사의 본의가 무시를 당하는 일도 없게 되었다.

성서비판의 의의와 그 결과, 「전집」 제2권, 65쪽

【내용 새김】

성경비평聖經批評(Biblical Criticism)이라는 말만 들어도, '오직 성서만!'이라는 종교개혁의 모토를 좋아하고 성경을 '하나님의 말씀'이라고 믿고 교육받아온 한국교회 대부분의 신도들은 거부감, 불안감, 그리고 경계 감정을 갖게 된다. 그것은 '비평批評'이라는 어휘가 지닌 비판적이고, 분석적이고, 약점을 지적해내는 부정적 의미가 신도들에게 주는 언어감정의 선입관 때문이다. 그래서 불행하게도 한국 장로교단의 신학 교육과정에서 '성서비평학'을 도입한 장공선생은 오늘도 여전히 보수적인 한국 기독교인들에게 위험인물, 기피인물, 인본주의적 자유주의 신학자로 오해되고 있는 형국이다.

　장공은 자기의 성서에 관한 영감론 명칭을 구체적으로 '성경목적영감론'이라고 이름 붙이지는 않았다. 그러나 특정한 어휘 한마디는 여러 가지 복잡한 사상을 집약적으로 표현하는 데 도움을 준다. 박형룡 박사를 대표로 하는 한국의 보수적 신학 진영이나 세계의 근본주의자들의 성서관이 '성경축자무오설' 혹은 '성경축자영감론'이라고 통칭하기 때문에, 장공의 입장을 그들과 대조적으로 대비하기 위하여 장공의 성서관을 '목적영감론'이라고 필자는 부르겠다. 이것은 앞의 인용문에서 장공이 언급한, "목적론적인 면에서 성서무오설을 수립할 때, 우리는 어떤 사람을 향해서든 대담하게 전도할 수 있다"는 말에 근거한다. 보수신학 계열의 신학자나 목회자들은 자신들의 성경관에 대하여 위에서 언급한 대로 '성경축자영감론' 혹은

‘성경축자무오설’이라고 확신을 가지고 말하면서 기독교장로교 목회자들에게 묻는다. “당신들의 성경관은 무엇이요?” 그럴 때마다 간단명료하게 대답하지 못한 것이 사실이다. 장공의 성서비평학을 장황하게 설명할 수도 없고, 사실 장공의 성서비평학의 본질을 정확히 이해하지 못한 채 현장으로 나아갔기 때문이다.

‘장공의 글읽기’에서 인용구 안에 표현된 미드 교수(C. M. Mead)의 말대로 “진실한 비판이란 것은 진리 탐구에 필요한 표현으로서, 하면 할수록 더욱 진리는 빛나는 것이다.” 성서연구방법론 명칭에서 ‘비판’ 혹은 ‘비평’이라는 어휘는 성경 그 자체를 신성불가침한 ‘성스러운 경전聖經’으로 받아들이는 한국 기독교계의 일반 정서로 볼 때 불행한 어휘 번역일는지도 모른다. 그러나 “구더기 무서워서 장 담그지 못한다”는 어리석음과 용기 없음을 질타하는 속담처럼, 한국 기독교가 진실로 성숙한 단계로 넘어가기 위해서는 반드시 ‘건너야 할 불의 강’임에 틀림없다. 장공은 ‘경건한 기만자’가 되기보다는 ‘진실한 구도자’가 되고자 했고, 성경이라는 ‘책 종교 신자’가 되기보다는 살아 계신 ‘영이신 그리스도를 믿는 신앙인’이 되고자 했기 때문이다.

제3강의 도입부, 장공의 글 일곱 문단에서 소개한 내용을 진지하게 숙독하고 되새김한다면 장공의 성경관이 무엇인지, 장공이 ‘성서비평학’을 도입한 진정한 목적과 그 필요성이 무엇인지 알 수 있을 것이다. 좀 더 자상한 학문적 고찰을 원하는 독자들이라면 한신대학교 구약학 교수 이영미 교수의 탁월한 논문 “장공의 비평적 성서해석과 해석공동체"(장공의 신학세계 2, 17-51쪽, 한신대학교출판부, 2016)를 참조하면 큰 도움이 될 것이다.

보수적인 기독교 교인들이 흔히 성경의 '축자영감설'의 근거로 자주 제시하는 디모데후서 성경 구절은 다음과 같다. "모든 성경은 하나님의 감동(영감)으로 된 것으로 교훈과 책망과 바르게 함과 의로 교육하기에 유익하니, 이는 하나님의 사람으로 온전하게 하며 모든 선한 일을 행할 능력을 갖추게 하려 함이라."(딤후 3:16-17) 이 성경 구절에서 말하는 '모든 성경'은 구약성경을 말한다. 신약성경은 아직 정경화되지 않았고 당시엔 아직 다 써지지도 않았기 때문이다.

유대인들은 기독교인들이 '구약성경'이라고 부르는 것에 동의하지 않는다. 그들의 경전 이름은 '율법서-예언서-성문서집(Torah-Nebiim-Kethubim)'이다. 디모데가 '모든 성경'이라고 말할 때, 율법서와 예언서와 시편을 포함한 성문서집을 말했을 것이고, 특히 율법서와 예언서를 염두에 두었다. "감동(영감)으로 된 것"이란 표현의 헬라어 원어는 '데오프뉴스토스(by inspiration of God)'이다. 저자 개인의 창작물이 아니고 영감을 받아 쓴 것이라는 말이다. 그러나, 문자 하나하나가 축자적逐字的으로 영감을 받아 쓴 것이란 뜻은 없다. 궁극 목적은 하나님이 사람으로 하여금 유능하게 하고 의로운 삶을 살도록 하기 위함이라는 것이다.

장공은 성서비평학에 대한 자신의 두 개 논문 곧 "축자영감설과 성서무오설" 및 "성서 비판의 의의와 그 결과"에서, 지금으로부터

65년 전(1950년)에 쓴 논문이지만, 성서비평학의 본질과 목적, 그 연구 의의에 대하여 분명하게 파악하고 있다.

첫째, 하나님 자신, 하나님 말씀 그 자체는 영원하고 무오無誤 하지만, 하나님의 계시를 경험하고 표현하고 기록하는 양식과 소재는 다양성과 시대적인 한계성을 지닌다.
둘째, 성경문자무오설을 배격하는 이유는 성경의 권위를 파괴하려는 것이 아니고 도리어 그 권위를 정당한 기초 위에 세우려 함이다.
셋째, 성경은 하나님을 알게 하고 그리스도를 구원주로 깨닫게 하는 목적 수행에 있어서 부족함이나 흠이 없는 목적영감적 성서이다.

성서비평학의 다양한 방법들을 총괄하는 것을 '역사비평(historical criticism)'이라고 한다. 이영미 교수가 갈파한 대로 역사비평의 가장 큰 공헌은 "성서 자체의 역사성을 분명하게 드러내줌으로써 성서에 대한 이해의 폭을 넓혀준 점에 있다." 여기에서 말하는 '성서자체의 역사성'에 주목해야 한다. 성서 자체가 완결된 형태로 하늘에서 만들어 땅으로 던져준 선물이 아니라, 하나님의 구원 경륜과 영의 감동감화를 받아가며 '역사적 과정'을 거쳐 형성된 종교 경전이라는 말이다. 다양한 자료들이 무엇이었는지 연구하는 일(자료비평), 다양한 표현 양식들이 어떻게 구전되고 문서화되었는지 연구하는 일(양식비평), 전승되고 편집되는 과정에 대한 연구(전승사비평, 편집비평) 등이 모두 '성서 자체의 역사성'을 보여준다.

장공의 성서비평학은 완결된 것이 아니고 진행형이다. 모든 학문의 이론들은 후속 연구를 통하여 이전 것이 극복되거나 보완되면서 더 온전한 진리를 드러내기 위해 전진한다. 그것은 가장 객관적인 진리를 탐구한다는 자연과학 이론에서나 가장 신비한 정신적-영적 영역을 연구한다는 신학에서나 마찬가지이다. 장공의 성서비평학이 우리에게 던져주는 진정한 메시지는 무엇인가?

첫째, 성서비평학을 비롯한 모든 장르의 신학은 하나님과 성경에 대한 학문이지만 인간들이 하는 학문이므로 상대적인 것이며 그래서 겸손하라는 것이다. 고정된 교리적-신학적 틀과 방법론에 하나님을 가두고, 예수 그리스도를 가두고, 성령을 가두고, 성경 진리를 가두지 말라는 것이다.

둘째, 성서비평학의 궁극적인 목적은 길이요 진리요 생명이신 그리스도의 '심장' 박동을 제대로 듣게 하려는 데 있다. 성서비평학은 의과대학 수련 과정의 '인체해부학' 수업과 비교할 수도 있다. 해부학의 궁극 목적은 인체 해부 그 자체에 있는 것이 아니라, 살아 있는 환자를 치료하여 살려내는 데에 있다. "의문儀文은 죽이지만 영靈은 살린다."

셋째, 성서의 역사비평은 17, 18세기 계몽주의 시대 이후, 유럽의 인문주의와 이성주의의 발달로 인하여 촉발되고 발전되어온 것이 사실이다. 그것은 교권주의와 교리주의에 속박된 진리를 해방시키고 밝히려는 열정에서 비롯되었다. 그러나 계몽주의적 이성주의가 도구적 이성으로 협소화되고, 비판적 기능을 강조하게 되고, 마침내

이성의 한계 안에 종교적 진리와 성경의 영적 진리를 제한하려는
탈선을 일부 신학자가 저지른 것은 경계해야 한다.

제 4 강

/

하나님을 믿는다는 뜻

【장공의 글 읽기】

　‘신학’이란 하나님에 대한 학문이란 말인데, 하나님은 절대자이시기 때문에 상대성을 벗어나지 못하는 인간으로서 유신론이니 무신론이니 하는 것은, 자신의 제한된 지성의 한계 안에서 하는, 상대적인 또는 주관적인 추리에 불과하다. 인간이 무신론을 주장한다고 하나님 자신이 없어지는 것도 아니요, 인간이 유신론을 주장한다고 하나님이 있어지는 것도 아니다.

내가 믿는 하나님, 「전집」 제18권, 185쪽

　“태초에 하나님이 천지를 창조하시다.” 하는 성경 맨 처음 구절도 하나님의 선포요, 인간의 추리가 아니다. “나는 나다.”(출3:14, 스스로 있는 자)라는 것은 주격으로서의 존재자임을 선언함과 아울러 객격화客格化, 물격화物格化를 거부한다는 말이다. 하나님은 절대 주격이고 인간은 상대 주격이다. 그러나 인간도 주격이기 때문에 물건 다루듯 맘대로 취급할 수는 없다.

내가 믿는 하나님, 「전집」 제18권, 185쪽

　인간 속에서 하나님의 형상, 그 도덕성과 영성을 박탈할 수는 없다. 다시 말해서, 하나님과 통하는 주격성을 없앨 수는 없단 말이다…개인 자유 없이 인간일 수 없다. 인간을 유물론적으로 다루는 공산주의자나 탐욕적인 자본주의자는 인간의 존엄을, 감히 범할 수 없는 '하나님 형상'을 목석木石같이 다루려 한다. 사회구조와 유구한 문명사의 전승傳承 때문에 조포粗暴한 만행을 못 하는 것뿐이다. 생래의 인간으로서의 행악성行惡性과 범죄성은 냉혹하고 집요하다. 우리는 그런 현상을 일부 독재자에게서 본다.

내가 믿는 하나님, 「전집」 제18권, 186쪽

인간은 불가피적으로 하나님을 찾는다. 그 살아 계신 참 하나님이 선민 이스라엘을 통하여 자신을 열어 보이시고, 때가 오자 그 외아들 그리스도를 인간으로 보내어 인간의 죄와 죽음을 대속하시고 새 인간성을 창조하시어 새 인류의 시조가 되게 하셨다. 나는 그에게서 하나님을 만났다.

내가 믿는 하나님, 「전집」 제18권, 186쪽

삼위일체 하나님이심을 믿게 됐다. 그것은 나의 신앙 경험이 나의 신관을 그렇게 정립시킨 것이었다. 내 신앙 경험대로 고백한다면, 내가 예수를 믿노라 할 때에 하나님을 믿는 것으로 되었고, 내가 하나님을 생각할 때에 예수를 생각하게 된다. 내가 믿게 됐다는 그 자체가 성령의 내주內住를 말한다. 어느 한 분이 나를 부르고 사랑하신다면 동시에 세 분이 나에게 인지되는 것이었다. 그분들은 죽은 신이 아니었다. 살아서 나에게 응답하시고 나의 기도를 들어주시고 나와 함께 사시는 하나님이시었다.

내가 믿는 하나님, 「전집」 제18권, 186-187쪽

나는 성령의 내주內住를 경험했다. 맨 처음 믿기로 작정했을 때 폭포처럼 쏟아져 들어오는 성령의 하늘 위로와 기쁨, 그리고 복음 증거 때문에 사람 없는 외딴집 독방에서 핍박자의 쇄도를 기다리던 깊은 자정子正에 내 생명 속에 화산처럼 솟구쳐 오르던 그 형언할 수 없는 영靈의 기쁨이었다.

내가 믿는 하나님, 「전집」 제18권, 187쪽

그 후 오늘에 이르기까지 나는 성령 안에서 고요히 살고 있다. 오히려 살려주심을 받고 있다. "내가 사는 것이 아니라 그리스도가 내 안에 있어 내가 산다"는 바울의 체험 비슷한 것이 내게도 조금 있다는 말이다. 한마디로 말해서, 내 하나님은 살아계신 삼위일체 하나님이란 한마디 말로 요약될 수 있겠다.

내가 믿는 하나님, 「전집」 제18권, 187쪽

【내용 새김】

'신학'이라는 학문을 다루는 학과는 중세는 물론이요 근세 유럽의 학문 체계에서 최고의 위치를 차지하고 있었고, 으레 종합대학교에는 신학부가 있었다. 그러나 현대의 학문 체계와 대학 구성 체계에서는 신학부는 일부 기독교계 대학인 연세대학교나 이화대학교 등에서만 존속하고, 서울대학교나 서강대학교 같은 대학에서는 종교학과로 대치하고 있는 형국이다.

왜 그렇게 되었을까? 무신론적 기류와 물질주의적 세계관이 세계를 지배해서 그런 것은 아니다. 계몽주의 시대정신의 완성자인 임마누엘 칸트가 그의 명저 「순수이성비판」에서 인간 지식의 가능성과 그 범위를 철저히 고찰한 연후에 내린 결론 때문이다. 칸트의 결론은 인간의 순수이성의 한계 안에서는 신의 존재, 영혼의 불멸성, 자유의 궁극적인 근거를 실증적으로 증명해낼 능력이 없는 것이라고 이성의 능력 한계를 선언해버렸다. 칸트 이후 '궁극적 실재' 곧 하나님에 대한 탐구는 대학의 학문 세계에서는 침묵하고 개인의 관심거리로 분류해 버렸다.

장공은 생애 말년에 "내가 믿는 하나님"이라는 제목의 길지 않은 글을 남겼는데, 이 글은 장공의 실존적인 하나님에 대한 고백이랄까, 그의 하나님 체험을 말해주는 귀중한 자료이다. 글의 첫머리에서 장공은 하나님은 '절대적 주체'이시기 때문에 '상대적 존재'인 사람의 지성으로는 하나님을 논의할 수 없다고 말한다. 그 점에서는 일단 칸트와 견해가 같다. 상대적 지성의 한계성 안에서 하나님의 존재를 인정하는 유신론이나 부정하는 무신론은 아무 의미가 없다는 것이다. 고작해서 인간의 두개골 안에 들어 있는 뇌 조직이 추리하고 추론하는 주관적인 결론일 뿐이라고 본다.

그러나 곧 이어서, 비록 인간은 파스칼(1623-1662)의 말대로 '생각하는 갈대'요 대우주에 비하여 미미한 티끌이나 연약한 풀잎 같은 존재이지만, 우주는 자기를 스스로 의식하지 못하는 데 반해 인간은 자기의 유한함과 연약함을 의식하는 존재이기 때문에 우주보다 더 위대한 존재라고 갈파한다. 파스칼과 동시대 인물인 데카르트(1596-1650)는 "나는 생각한다. 고로 나는 존재한다(Cogito ergo sum)"고 선언함으로써 인간의 직관적 사유 능력을 강조하는 근대 주체철학主體哲學의 출발자가 되었다. 파스칼이 사유하는 '인간의 존엄성'을 강조했다면 데카르트는 사유하는 '인간의 주체성'을 강조한 셈이다.

파스칼과 데카르트가 사람의 생각하는 능력과 특히 실증적 경험을 넘어서는 초월적 직관 능력에 대한 강조나 자부심을 접하기 전에도, 사람들은 생각하는 능력을 지닌 자기가 자신의 주인이라고 여겨왔다. 세계의 중심은 자기이고, 사유하는 주체자로서 인간의 이성은 모든 것의 최종 판단 척도요 규범이라고 과대망상적인 자만심에 빠지게 되었다. 개인의 이성적 사유 능력이 곧 모든 것의 판단 척도요 자기 생명의 진정한 주인일까? 여름날 사람의 몸뚱이를 오르내리면서 열심히 일하는 일개미는 그 나름대로 신경조직을 갖춘 생명체이지만, 자기가 오르내리며 먹거리를 찾고 있는 사람의 정신세계나 인격세계를 전혀 짐작조차 하지 못한다. 그는 그의 신경조직 체계와 본능에 갇혀 있는 유한한 생물체이기 때문이다.

우리는 주위에서 사랑하는 친구나 가족들이, 전혀 감지하지 못하던, 암 같은 치명적인 병에 걸려 힘겹게 투병하다가 세상을 떠나는 경우를 많이 만난다. '사유하는 능력'을 지닌 정신적 주체자가 과연 참으로 내 생명의 주인일까? 사람 생명이란 몸을 떠난 추상적인 존재가 아닐진대, 자기 몸 안에서 일어나는 신경조직의 돌연변이와 이탈 행위로서 암세포가 생기고 퍼지는 것을 알아채지도 못하는 '사유하는 주체'가 과연 내 생명의 주인이라 말할 수 있는가?

장공은 "내가 믿는 하나님"에서 파스칼이나 데카르트처럼 사유하는 존재로서의 인간의 존엄성과 주체성을 높이 평가하지만, 그렇게 생각하는 출발점이나 강조점에서 색다른 점이 있다. 장공은 "하나님은 절대 주격이고 인간은 상대 주격이다"라는 말로 인간의 주체철학에 한계를 긋는다. 하나님이 인간을 주체적 존재로 불러 내세우시고, 우주보다도 존엄한 존재자로 고양시킨다는 고백이다. 시편 기자의 노래처럼 "사람의 체질은 먼지요, 사람의 영광은 들풀"(시 103:13-14)과 같지만, "사람을 하나님보다 조금 못하게 하시고 영화와 존귀로 관 씌우시는 분"(시8:5)이 하나님 창조주라고 찬양한다.

장공은 "하나님의 형상대로" 사람을 지으셨다는 성경의 선언에서 하나님 형상의 본질적 특성을 사람의 '도덕성과 영성'이라고 본다. 그리고 도덕성과 영성의 기초 전제는 자유로운 존재, 창조적 존재, 책임 있는 응답 존재라고 본다. 자유 없이는 인간일 수 없기 때문에, 자유로운 결단과 응답하는 책임성이 존엄하고 아름답다. 창조주 하나님마저도 일단 자유로운 존재로서 응결된 인간의 자유를 강제로 박탈하거나 무시할 수 없다고 본다. 하물며 유물론자나 속물적 자본주의자들이 인간의 자유를 가볍게 처리하려 하는 무모한 시도는 용납될 수 없다고 강조한다.

장공은 자기의 하나님 이해를 한마디로 요약한다면 "내 하나님은 살아 계신 삼위일체 하나님"이라고 분명하게 고백한다. 그런데, 삼위일체 하나님에 대한 신앙고백은 그것이 기독교의 정통 신관이기 때문이 아니라 자신의 생생한 체험적 신관임을 강조한다. 장공이 청년 시절 승동교회 연합사경회에서 김익두 목사의 설교를 듣고 예수를 믿겠다고 결단할 때, 하나님과 성령님의 동시적 임재와 내주內住를 경험했다고 한다. 신학에서는 '신앙의 유비'와 '존재의 유비'를 구별하지만, '존재의 유비'를 잠시 허용한다면, 장공의 삼위일체 하나님 체험은 태양의 광원光源(성부 하나님), 광선光線(성자 그리스도), 광열光熱(성령 하나님)이 구별되면서도 동시적이고 본질적으로 동일한 태양의 존재 양식임에 비유할 수 있다.

장공은 이론적 신학자가 아니다. 그의 생애 고비와 위기마다 성령의 직접적 내주內住와 부활하신 그리스도의 동행하심과 격려를 경험했다. "살아서 나에게 응답하시고, 나의 기도를 들어주시고, 나와 함께 사시는 하나님이시었다."라고 평생 신앙인으로서의 그의 나그네 행로를 회고한다.

21세기 그리스도교는 더욱더 성숙한 하나님 이해를 위해 기존의 교리적 일방성 틀에 갇힌 하나님을 놓아드려야 한다. "하나님으로 하여금 하나님 되시게 하라!"는 루터의 경고를 들어야 한다. 하나님을 저 높은 하늘나라 보좌 위에 모셔놓고 낮고 천한 피조세계를 관조하고 감찰한다고 보는 하나님관은 헬라철학의 영향을 듬뿍 받은 '인격주의적 초월신론'일 뿐이다. 또 다른 한편으로, 우주가 곧 하나님의 몸이요, 내 영혼이 곧 하나님이요, 만물은 하나님의 현존 그 자체라고 강조하는 범신론은 삼위일체 하나님과 관련이 없다.

성경이 증언하는 하나님은 "우리 각 사람에게서 멀리 계시지 아니하며, 우리가 그를 힘입어 살며 기동하며 존재하는 하나님"이시다(행17:27-28). "하나님은 만유 위에 계시고, 만유를 통일하시고, 만유 안에 계시는 하나님"(엡4:6)이다. 무엇보다도 장공이 믿은 하나님은 말씀이 육신이 되어 우리 가운데 오신 예수 그리스도 안에서 '은혜와 진리'를 충만하게 드러내신 하나님이시다.

제 5 강

신앙, 그 청년성과 모험 정신

【장공의 글 읽기】

돌 틈에 싹튼 작은 풀 잎사귀에도 전 우주의 정기가 품겨 있고, 흙무더기에 뒹구는 도토리 속에도 운하雲霞를 뚫고 설 거대한 상수리나무의 가능성이 품겨있는 것이다. 꿈꾸는 자, 위대한 동경과 약속에 사는 자! 그의 이름은 크리스천이다…홍진중紅塵中에 묻혀 있으나 신천신지의 위대한 약속에 기뻐하며, 병약과 죽음에 시들어진 몸을 입고서도 불멸의 영광의 몸을 믿음 중에 보며, 죄오罪汚에 허물어진 영혼을 응시하면서도 지선지성至善至聖의 인격적 완성을 향하여 걸음을 멈추지 않는 것이 크리스천의 심정이며 혼이며 특색인 것이다.

불멸의 동경, 「전집」 제1권, 99쪽

아브라함도 하나님의 부르심에 순종하는 믿음 이외에 다른 아무 여정기旅程記도 가지지 않았던 것이다. 이리하여 믿음은 모험한다, 믿음은 창조한다, 믿음은 전진한다, 믿음은 활동한다, 믿음은 생활한다 등등의 말이 격언같이 우리 귀에 익숙하게 된 것이다…신앙은 평범한 삶이 아니다. 그것은 비상한 것을 전취戰取하려는 모험이다. 백척간두에서 또 한 걸음 내디디는 전진이다. 그러므로 신앙은 언제나 위기를 내포한다.

믿음 없는 세대여, 「전집」 제1권, 263-264쪽

앙리 베르그송은 그의 「창조적 진화」에서 생명은 앞을 향하여 돌진하는 활기 있는 추진력이라고 했습니다. 창조하려는 의욕의 분출이라 하겠습니다. 생명은 샘물처럼 솟아 위로 솟구치고 앞으로 나아가는 것입니다…그러나 창조한다는 것은 그리 쉬운 작업이 아닙니다. 거기에는 역파逆波가 있습니다. 출생과 사망, 성장과 노쇠, 부흥과 붕괴, 어린이와 할아버지, 씨 뿌림과 추수, 잠자는 것과 활동, 격정激情과 정적靜寂, 불탐과 재화載貨 등 생명은 율동적입니다.

하나님이 일하시니, 「전집」 제2권, 355쪽

생명은 이런 '업 앤 다운up and down'을 겪으면서 그 가치를 창조하고 질을 높입니다. 이러는 가운데서 결국은 상승하는 것입니다. 이것은 우주의 속 깊은 맥박이어서 어떤 의미에서는 죽음도 생명의 율동이라 하겠습니다.

하나님이 일하시니, 「전집」 제2권, 355쪽

창조는 위로 넓이로 다량多量, 다종多種, 다채多彩로우면서 동시에 그 가치와 의미를 높입니다. 물질적인 데서 정신적인 데로, 물량적인 데서 효용적인 데로, 도덕적인 데서 영적인 데로 지향志向합니다…창조는 예술입니다. 건설입니다. 창조주 하나님은 최고의 예술신입니다. 동시에 거룩의 극치極致십니다. 그 분의 화랑畵廊에서 우리는 같이 일합니다.

하나님이 일하시니, 「전집」 제2권, 355쪽

【내용 새김】

장공은 문필가이다. 그의 마음에서는 문학적 상상력과 시심이 마르는 법이 없었다. 20대 후반 일본 동경의 청산학원 신학부에서 초기 신학 수련을 쌓을 때, 고학생으로서 방학이면 공사판에서 흙짐을 나르는 막노동을 하여 학비를 충당하던 때도 시간 나는 대로 학교 도서관에서 도스토예프스키 등 세계문학전집을 모두 대출하여 읽었다고 「범용기」에서 술회한다. 그리고 신학을 전공하려는 신학도나 목사는 반드시 문학적 시심을 가져야 한다고 강조했다.

제5강의 주제는 기독교 신앙이란 본질적으로 푸릇푸릇한 청년성과 모험 정신을 동반한다는 것을 강조하는 진지하고도 심각한 주제이다. 그런데, 다른 글도 그렇지만 제5강에서 장공의 문학적 문필력은 유감없이 발휘된다. '추수 때 밭이랑에 떨어진 곡식 이삭'이라는 뜻의 겸허한 제목을 붙인 「낙수落穗」는 장공이 40세 전후에 쓴 신학적 에세이 글모음이지만 그 어떤 신학 논문들보다도 독자들에게 영감과 영성을 고취시킨다. 그 글들 속에 나타난 맑고 높고 당당한 신앙의 기개가 타성에 젖고 왜소해지고 권모술수에 능란해진 오늘의 그리스도인들을 부끄럽게 한다.

그리스도인이란 어떤 사람인가? 스스로에게 묻고서 장공은 이렇게 단도직입적으로 갈파한다. "꿈꾸는 자, 위대한 동경憧憬과 약속에 사는 자! 그의 이름은 크리스천이다."

1940년대 전후, 조국의 현실은 일본제국의 식민통치에 지치고 고난이 극에 달하여 국민 대다수는 희망을 잃고, 독립을 포기하고, 각자도생各自圖生의 길에 바빴다. 기존의 종교계는 굳어진 교권주의와 교리주의를 방패 삼아 대심문관 노릇에 바쁘거나, 금강산 토굴 속에서 신비 체험의 황홀경에 빠져 세상을 잊어버리고, 갈릴리 예수의 복음하고는 거리가 먼 몰역사적 종말 신앙으로 소박한 신자들을 유혹하던 시기였다.

시대적 상황이 어둡고 답답하고 앞이 보이지 않는 때일수록, 그리스도인의 진면목을 발휘해야 할 것을 장공은 강조한다. 신앙의 청년성과 모험 정신을 되찾아야 한다고 조용한 선비가 사자후獅子吼하는 것이다. 신앙은 평범한 것이 아니라는 것이다. 신앙은 비상非常한 것을 전취戰取하려는 모험이라고 강조한다.

장공이 제5강의 글을 쓰던 1940년대만 그랬을까? 기독교 신앙이 위기를 당할 때는 안팎으로 핍박과 도전이 심하여 고난을 당하는 경우와, 정반대로 태평성대라고 착각할 만큼 교회가 외관으로는 성대하고 성장이 극에 달하여 구름같이 사람들이 교회당에 모여드는 때이다. 21세기 오늘의 상황은 어떤가?

겉으로는 로마제국 시대나, 일본제국의 식민통치 시대처럼 교회와 크리스천을 핍박하지는 않는다. 그러나 로마시대보다 더욱 거대하고 견고한, 소위 '신자유주의'라는 정치-경제-사회 구조가 개개인 인간을 한없이 무력하게 만들고 희망과 꿈을 빼앗아버린 시대이다. 계곡 흙무더기에 묻힌 도토리가 거대한 상수리나무가 되는 꿈을 꾸기 어려운 시대가 되었다. 그래도 장공은 신앙인에게 절망은 없다고 말한다.

　장공이 더 두려워하는 교회의 상황은, 교회가 그리스도교의 자기 정체성을 잃어버리고 세속과 완전히 동화되어 풍요와 자기도취 속에서 안으로 썩어가는 현상이 나타나는 때이다. 약간의 성공이 무조건 하나님의 축복이라고 자기를 정당화한다. 신앙이 주는 축복으로서의 평안은 타성에 안주하는 무탈을 의미하는 것은 아니다. 신앙생활이란 것이 비상한 감동이나 감격이나 위기의식을 잊어버리고 평범한 것이 되어버릴 때, 위기가 온다. 목사의 설교와 성찬 집례가 직업적인 일상사가 되어버릴 때, 능숙한 성직자가 되는 것이 아니라 비상이 걸리는 것이다. 신앙생활과 성직생활에 숙달이란 없다. 언제나 처음 시작하는 것이라야 하고 다소 서툴고 주저하고 조심스러워해야 하는 것이다.

　장공은 기독교 신앙의 특징을 강조하면서 프랑스의 '생의 철학자' 앙리 베르그송Henri Bergson(1859-1941)의 명저 「창조적 진화」의 핵심을 언급한다. 이 점은 우리가 장공 사상을 이해하는 데에서 주목해야 할 점이다. 장공은 유물론적 세계관을 반대하지만 관념주의적 세계관도 반대한다. 베르그송의 생명철학은 당시 시대정신을 이끌고 가는 물질주의적-과학적 실증주의와 형이상학적 사변철학을 비판하고, 창조적 진화 속에서 비약과 새로움을 창발해가는 생명 그 자체에 주목하도록 했다.

　장공은 창발적創發的인 생명의 창조적 진화 자체가 기계적 자동법칙에 따라서 반복적으로 진행되는 것은 아니라고 본다는 점에서 베르그송과 일치한다. 또한 물질적 속성인 반복적 운동과 균질적 평형성 유지와 인과율적 필연성을 극복하고 새로운 것, 진화, 창조, 도약을 하려면 모험, 비약, 고난, 도전이 필요함을 강조한다. "창조한다는 것은 그리 쉬운 작업이 아닙니다. 거기에는 역파逆波가 있습니다."라고 지적한다. 우리가 삶 속에서 부정성否定性이라고 규정하는 노쇠, 조락, 질병, 붕괴, 실패, 죄성, 심지어 부정성의 궁극적 모습인 죽음마저도 깊이 보면 "우주의 속깊은 맥박이요 죽음도 생명의 율동"이라는 것이다. 물론 그 모든 것이 하나님의 감추어진 깊은 창조 경륜과 섭리 속에서 하는 말이다.

장공은 베르그송과 테야르 드 샤르댕Teilhard de Chardin(1881-1955)과 견해를 같이하는데, 그 견해의 관점은 진화과정이 맹목적이거나 향방 없는 우연의 무질서적 진행 과정이 아니라는 점이다. 물질에서 생명이, 생명에서 정신이, 정신에서 영성이 꽃피고 익어가는 정향진화定向進化를 한다고 본다.

현대 생물학자들은 대체적으로 정향진화를 반대하지만, 그리고 정향진화가 하나님이 기획하고 미리 정해놓은 철로를 따라 진화한다는 결정론도 아니지만, 장공은 "하나님은 최고의 예술가"라고 은유하는 점에서 창조적 진화 과정이 '우연과 필연'(쟈크 모노)의 광장이 아니라 지고한 예술가의 영감과 아름다움의 비전이 구체화, 형상화되어가는 과정이라고 본다. 물질주의적 환원주의 철학과 경제 결정론이 판을 치는 현대사조 안에서 장공의 신앙관, 곧 그리스도인의 신앙이란 도전이요, 창조적 모험이요, 추함과 무질서 속에서

질서와 아름다움을 창조해가는 과정이라는 가르침은 큰 격려와 눈
뜨임을 갖게 한다.

제 6 강

/

'하나님의 형상': 인간 존엄성과 자유와 사랑

구약성경 창세기 1장에 하나님이 자기 형상을 따라 인간을 만드셨다고 했는데, 그것은 인간이 매우 존엄하다는 것을 의미하며, 하나님의 형상이라면 죽을 것으로 창조된 것이 아니라는 뜻도 포함되어 있다. 그러므로 인간의 원형은 영원한 생명체일 것이다.

부활과 풍부한 생명, 「전집」 제17권, 488쪽

하나님은 자유하시는 주체이시다. 그러므로 하나님의 형상인 인간도 자유하는 주체다. 이 자유는 하나님도 어쩌지 못하신다. 만일 인간이 하나님이 하라는 대로만 하게끔 당초부터 그렇게 지어졌다면 그것은 인간이 아니고 하나님의 로봇일 것인데, 하나님은 자유인을 원하지 로봇을 원하지는 않으실 것이다. 하나님이 인간에게 자유를 주신다는 것은 하나님으로서는 대단한 모험이다. 그 인간이 자기의 자유로 하나님을 반역할 수도 있기 때문이다.

부활과 풍부한 생명, 「전집」 제17권, 488쪽

사랑은 절대적인 명령이다. 지식도 믿음도 말도 사업도 그것이 사랑에서 단절된 것이라면 아무것도 아니라고 바울은 단언했다(고전13장). 하나님은 햇빛과 비를 선한 자와 악한 자에게 차별없이 내리신다. 그것이 율법 조문이나 도덕 목록을 초월한 더 높은 차원에서의 완전함이며, 그것이 아버지의 온전한 사랑이다(마5:43-48). 사

랑은 말이나 광고가 아니다. 그것은 몸으로 수고하는 이웃에게의
봉사이다.

역사참여의 신학, 「전집」 제10권, 5쪽

  죄에 물들지 않은 ‘하나님의 형상’은 하나님의 영광을 ‘반조返照’
한다. ‘성자聖者의 후광後光’이란 것도 그럴 법한 이야기이다. 변화산
상에서의 예수의 변모, 그것은 그가 하나님의 형상인 온전한 인간성
을 나타내 보이시는 것으로도 가능하다. 그는 재세시在歲時 시종 죄
인의 친구, 죄인과의 일치를 염원하시는 의미에서 그 당연한 영광
을 감추시고 십자가의 치욕에까지 복종하신 것이었다(빌2:6-11).

변모설화의 신학적 조명, 「전집」 제5권, 34쪽

  우리가 예수의 인성을 말할 때, 그것을 우리의 그것과 지나치게
일치시키는 버릇이 있다. ‘하나님의 형상’에 대하여 한때 논쟁이 격
심했지만, 하여튼 인간을 동물과 구분하는 것은 인간에게는 ‘하나님
의 형상’이 주어졌다는 점에 있다는 것을 부인할 사람은 없을 것이
다. 그러나 사실상 우리의 ‘하나님의 형상(Immago Dei)’은 상실 상
태에 있으며, 그것이 그리스도 신앙에서 회복된다 할지라도 종말을
바라보며 소망 중에 생성되어가는 그런 불완전한 것인데 반하여,
그리스도의 인성은 그것이 ‘하나님의 형상’ 자체인 것이다. 그리스
도의 인성은 죄 없는 인간성, 이지러짐 없는 ‘하나님의 형상’이다.

변모설화의 신학적 조명, 「전집」 제5권, 32-33쪽

예수의 부활체復活體는 범죄 이전의 인간 상태에의 회복이다. "죽지도 않고 죽일 수도 없는, 시공을 초월한 영체靈體로서의 존재자다." '하나님 형상'의 회복이다. 하나님이 영이시니 인간도 영인 것이다. 하나님이 생명의 주인이시니 인간도 생명체다. 하나님이 죽지 않으시니 인간도 죽지 않는다. 하나님이 거룩하시니 인간도 거룩하다. 하나님이 창조주시니 인간도 자기 능력 안에서 날마다 창조하며 산다. 하나님이 세속역사와 구원역사의 동참자며 주인이시니 우리도 그 역사에 동참하며 그 주역을 담당한다. 하나님이 사랑이시니 우리도 서로 사랑한다. 인간과 인간의 역사는 하나님을 원점原點으로 한다. 원점 잃은 인간은 방향감각 없는 여행자와 같다.

역사의 원점을 찾아서, 「전집」 제18권, 100쪽

【내용 새김】

그리스도교의 신학적 인간학에서 가장 많이 회자되는 주제는 '하나님의 형상'(창1:26)을 중심으로 이루어지는 신학적 담론일 것이다. 도대체 십계명에서 하나님으로 보이는 어떤 형상이든지 만들지 말라는, 그렇게도 엄격한 '우상 제작 금지 계명'(십계명 제2계명)을 지닌 유대인들이 인간 창조 설화(창1:26-28)에서 하나님이 당신의 형상을 따라 사람을 만드셨다고 하니 문제가 복잡해지지 않을 수 없었다.

‘하나님 형상’이란 무엇을 의미하는가, 그 형상이 타락한 이후도 인간성 안에 온전히 남아 있는가, 아니면 잃어버렸는가, 어떻게 회복해야 하는가, 등등이 문제였다.

소박하게 생각하는 사람들은 글자 그대로 ‘하나님’도 형상을 지닌 신인데 그 모습은 사람처럼 머리 몸통 손발 다리를 지닌 신령한 산신령처럼 생각했던 시절도 있었다. 그런 소박한 생각과는 정반대로 ‘하나님 형상’이라는 말을 고도로 관념화시켜서 그것은 인간이라는 피조물이 독특하게 지니고 있는 이성 능력, 언어 능력, 사유 능력, 창조 능력 등 인간 특유의 기능적인 자질을 은유적으로 의미하는 것이라고 하기도 했다.

그러나, 구약성경 학자들은 ‘하나님 형상’이라는 말이 담긴 창조 설화를 문자적으로 해석해서도 안 되고, 관념화하여 정신적으로만 해석해서도 안 되고 본래 그 설화가 이야기되고 선포되었던 ‘삶의 자리’를 함께 깊이 고려해야 한다고 강조했다. 다시 말해서, 창세기 1장이 집필되고 생명의 말씀으로 읽혀지던 고대사회는, 강대한 제국들이 약소국가나 인간들을 파리 목숨처럼 짓밟고, 죽이고, 무시하고, 노예로 삼던 시절이었다.

예를 들면 이집트 절대군주 파라오가 광대한 점령지를 직접 통치할 수 없으므로, 대리 총독을 파견하는데 ‘파라오의 형상이나 조각상’을 함께 가지고 가서 주둔지 집권실에 비치하도록 했다. 파라오의 형상과 얼굴 조각상을 손상시키는 자는 파라오의 존엄과 권위를 손상시키는 자이므로 살아남을 수 없다. 그러한 사정을 당시 사람이면 누구나 다 알고 있었던 것이 '삶의 자리'이다. 그처럼, '하나님의 형상'인 약소국가 사람이라고 해서 함부로 멸시하거나 소홀히 대해서는 안 된다는 것이다. 인간 한사람 한사람이 곧 하나님의 형상이기 때문이다. "지극히 작은 자 하나에게 한 것이 곧 내게 한 것이요, 지극히 작은 자 하나에게 하지 않은 것이 내게 하지 않은 것"(마25:40, 45)이라는 예수님의 놀라운 선언도 같은 맥락이다.

'설화說話'는 단순히 만든 이야기가 아니다. 그것은 상징이면서도 사물과 사건의 진실을 알려준다. 장공의 '하나님 형상'에서도 그 점이 분명하다. 그러한 성경 해석 입장이 성서비평학을 도입했으면서도 성서를 진심으로 영감을 받아 기록한 하나님의 말씀으로 여기는 장공의 '성서적 실재주의'인 것이다. 다시 말해서, "하나님이 우리의 형상대로 사람을 만들었다"고 성경이 증언했으니 창조주 하나님과 피조물 인간 사이엔 독특한 닮은 속성이 있다고 본다.

장공은 '하나님 형상'의 본질적 속성은 무엇보다도 자유, 창조, 사랑, 불멸성 등이라고 보지만 첫째로 강조하는 것은 자유이다. 인간이 지닌 자유의지, 자유로운 선택과 결정, 자유로운 봉사와 헌신, 자유로운 비판 정신은 가장 귀중한 '하나님 형상'의 징표이자 자질이라는 것이다. 이것은 세상의 힘 있는 그 누구도, 심지어 하나님마저도 무시할 수 없는 '인간 존엄성'의 근거라고 본다.

둘째로, '하나님 형상'의 본질적 속성은 '창조성'이라고 본다. "없는 데서 있는 것을 부르시는" 절대적 창조성이야 창조주 하나님만의 권능이지만, 인간은 '하나님 형상'을 닮아 지어졌으므로 인간의 사람다움은 창조적 활동에 있다. 인간은 기계가 아니며, 개미나 일벌처럼 본능에 따라 충성하는 집단 구성원도 아니다. 새로운 기술, 정치제도, 예술 작품, 그리고 인간성 자체를 창조적으로 가꾸어간다.

셋째로, 장공이 이해하기엔 '하나님 형상'의 클라이맥스는 사랑이다. 사랑은 여러 가지 아름다운 도덕적 덕목들 중의 한 가지가 아니다. 사도 바울이 고린도전서 13장 '사랑 장'에서 웅변적으로 말하는 것과 같다. 사랑은 우주를 터놓고 감싸고 있는 신비로운 에너지이다. 사랑은 사람만이 아니라 모든 생명체를 관통하고 이어주는 우주적 혈맥이다. 아니, 사랑은 하나님 자신의 심장 박동이다.

장공은 하나님이 사랑이시니까 사람의 본질도 사랑이라는 것이다. "사랑하는 자마다 하나님으로부터 나서 하나님을 알고 사랑하지 아니하는 자는 하나님을 알지 못한다. 하나님은 사랑이시다."(요한1서, 4:8)는 말씀 그대로이다.

넷째로, 장공은 '하나님 형상'론에서 아주 놀라운, 담대한 말씀을 한다. 본래의 인간은 반드시 죽어야 하는 생물학적 육체 메커니즘에 예속된 존재가 아니라는 것이다. 하나님이 불멸적으로 영생하시는 살아 계신 창조주라면, 그 형상대로 지음 받은 인간의 본래적 생명도 불멸성을 지녔다는 생각이다. 본래 장공은 구약학자요, 그 누구보다도 히브리의 사유 체계를 잘 아는 분이다. 인간은 본래 "흙으로 지음 받은 유한하고 질그릇 같은 존재"임을 잘 아는 분이다. 그러나 장공은 예수의 '변모산상'에서의 변모하신 모습과 부활체 안에서 인간의 본래성이 드러났다고 본다.

　그러나 장공은 현실적 인간, 실존적 인간, 구체적 생활 속에 있는 인간이 창조 본래의 순수함과 불멸적 영성을 고스란히 보존하고 있다고 보지는 않는다. 동시에, 예수 그리스도가 우리 인간의 맏형이고 처음 익은 열매이고 우리 인간성의 원형이시지만, 실존적 현실 인간의 인간됨을 곧바로 예수 그리스도의 그것과 동일시하는 낙관론에 빠지지 않는다. 그 점에서 장공은 20세기 개신교의 최대 신학자라고 평가받는 칼 바르트와 견해를 같이 한다. "예수님은 땅 위에서 계실 때 하나님과 직접 관계성 속에 있었고, 우리는 그리스도와의 관계에서 하나님과 관계하는 간접적 하나 됨"이라는 것이다.

　장공 김재준 목사와 소금 유동식 박사가 좋아하는 성경말씀 중에 이런 구절이 있다. "그날에는 내가 아버지 안에, 너희가 내 안에, 내가 너희 안에 있는 것을 너희가 알리라. 나의 계명을 지키는 자라야 나를 사랑하는 자니, 나를 사랑하는 자는 내 아버지의 사랑을 받을 것이요, 나도 그를 사랑하여 그에게 나를 나타내리라."(요14:20-21) 여기에서 그날이란 부활하신 이후의 종말론적 상황을 말한다. 예수의 수난과 십자가의 죽음 예고에 근심걱정으로 가득 찬 제자들을 격려하는 말씀 중에 하신 진리의 소리다. 예수는 "내가 곧 길이요, 진리요, 생명이니 나로 말미암지 않고는 아버지께로 올 자가 없느니라."(요14:6) 했다.

　위 구절을 잘못 해석해서 배타적 기독교 선교의 근거로 삼는다면 도리어 화를 자초하게 된다. 길과 진리와 생명의 화신체요, 하나님과 하나 됨을 몸으로 사신 예수의 말씀이라는 것을 잊지 말아야 한다. 그 말씀을 풀어 말하면 참된 사람이 걸어가야 할 길과, 진리와 생명 살림의 일에 진실과 성실로 임하지 않으면 누구든지 하나님 아버지께로 올 수 없다는 말이다.

"나로 말미암지 않고는…"이라는 조건적 단서는 예수님의 독선적, 배타적 '자아의식'이 아니라 '길, 진리, 생명'과 일치한 생명체를 말한다. 이웃 종교들은 그들 나름대로 '길과 진리와 생명'의 방도를 갖는다. 그리스도인들이란, 그 또렷하고 명징한 범례를 '예수'라는 존재 안에서 보고, 그를 통하여 하나님을 알고, 영생을 맛본 사람들을 일컫는다. 그 길이 가장 좋은 길이라는 증거는 교리 논쟁으로 증명되는 것이 아니라, 그리스도인의 '삶의 열매'로써만 증언되는 것이다. '사랑하고 봉사하는 자유,' 그것 외에 다른 변증의 방법은 없다.

인간이란 '우연과 필연 법칙'에 의해 진화 발전한 생물학적 생물체 그 이상도 아니고 그 이하도 아니라는 '유물론적 환원주의'가 발호하는 우리 시대에 장공의 '하나님 형상' 담론은 의미가 크다. 인간의 삶은 우리가 생각하는 것보다 훨씬 "신비롭고 숭고한 것"이라고 장공은 87세 생애 말년에 고백하고 있다.

제 7 강

/

성령: 하나님의 영, 하늘 어머니의 사랑

【장공의 글 읽기】

'성령'은 나면서부터 인간 본성 안에 있는 '영'이 아니고 위로부터 오신 '하나님의 영'이시다. 하늘이 땅에, 하나님이 사람에게 심어지는 것이다. 하나님은 '영원자'이시기에 주主 안에 있는 '성령의 사람'에게는 죽음이 권세를 부리지 못한다. 그리스도의 부활은 그 처음 익은 열매였고 우리도 그리스도 안에서 그의 부활에 동참한다. 이것이 사도들의 증언이고 바울이 아테네 광장에서 연설한 요지다.

인간이란, 「전집」 제18권, 190쪽

'영'은 시공을 초월한다. 영적 존재자인 인간이 땅 위에서 번식한다 하더라도 '죽음' 아닌 '영'의 승화로 영의 세계에 옮겨질 것이다. 하늘이 땅에 내려와 땅이 하늘에 통한다. "에녹이 하나님과 동행하더니 하나님이 그를 데려가심으로 세상에 있지 아니하더라."(창 5:24) 한 것은 인간이 죽음을 뛰어넘어 영의 세계에 직접 승화할 수 있음을 암시한다. '영의 몸'은 죽일 수 없다. 적어도 인간의 원형(prototype)은 그러한 존재양식의 피조물이었다고 본다.

몸과 역사, 「전집」 제18권, 192쪽

예수님은 흙과 돌과 나무로 지은 회당에 그리 관심을 갖지 않았습니다. 예수님은 산 인간 하나하나가 하나님의 영적 성전임을 투시하셨습니다. 그래서 하나님 영광이 머무시는 인간 성전 건축에 일념하셨습니다…즉 예수님의 영이 모든 신도들에게 강림하셔서 삼위일체로 살아 계신 하나님을 각자의 인간 속에 모실 수 있게 하셨습니다. 그것이 이른바 '인간 성전'입니다. 이런 개인들이 한 몸으로 얽혀서 교회가 출생하였습니다. 그러므로 바울은 교회를 '그리스도의 몸'이라고 말했습니다.

고토를 걷다, 「하나님만 믿고」 193쪽

성령찬가: 그리스도 아는 지식 / 그리스도 믿는 심정 / 그런 것은 나에게 / 물 없는 우물 / 메마른 와디외다 / 성령님 / 당신의 재창조 없이 / '새 사람' 없나이다 / '새 역사'도 없나이다. / 성령님 능력 없이 / 교회도 선교도 없나이다 / 오순절 성령강림 / 그것은 하늘에서 쏟아지는 / 성령의 폭포였습니다. / 인간의 범죄성 / 백두산 천지보다 / 더 깊은 심연 / 그 밑바닥까지 뒤집는 / 성령의 폭포였나이다 / 2천년 교회사는 / 잔잔하게 고요하게 / 흘러 흘러 억억만 인간들 / 마음밭 축이는 / 성령의 수로(水路)였나이다 / 오, 성령님의 은혜 / 하늘 어머니 사랑 / 그 무량애(無量愛) 품 속에 / 전 우주의 사랑의 공동체로 / 영원히 영광스레 / 살으오리다.

성령찬가(후반부), 「전집」 제17권, 47-48쪽

【내용 새김】

장공의 신앙과 삶은 성령의 임재 체험 및 그 감동감화와 창조적 변화 능력에 의해 깊이 각인되어 있다. 장공의 신학은 알고 보면 매우 그리스도 중심적이지만 동시에 성령론적 신학이기도 하다. 그것은 그의 삼위일체 하나님의 체험에 기인한다.

그런데 장공의 성령 이해에서 가장 주목해야 할 점은 "성령은 나면서부터 인간 본성 안에 있는 '영'이 아니고, 위로부터 오신 '하나님의 영'이시다. 하늘이 땅에, 하나님이 사람에게 심어지는 것이다."라는 표현에 나타나 있다. 인용한 문장의 앞부분은 일단 유교적 인간학에서 말하는 사람의 내면적 정신성, 곧 불가시적인 '혼백魂魄'과 '성령'을 분별시킨다.

동양의, 특히 성리학의 인간론에 의하면 '혼魂'은 형이상학적인, 하늘의 영묘한 기운이 영글어진 실재요, '백魄'은 형이하학적인, 땅의 영묘한 기운이 영글어진 실재이다. 사람이 살아 있을 때는 신체를 살게 하는 혼백魂魄'이 불가분리적으로 신체와 함께 작용하면서 사람다운 존재가 된다고 본다. 사람이 죽으면, 성리학의 인간론에 따르면, 혼魂은 하늘로 돌아가고 백魄은 땅으로 돌아간다.

영혼靈魂이라는 개념이 동아시아 문명에서도 언어로는 존재했지만, 영靈과 혼魂을 엄밀하게 분별할 수 없었으며 자주 혼동하여 사용하기도 했다. 그러나 영靈이란 상형문자 그 자체가 암시하는 것처럼 "위로부터 내려와서 사람으로 하여금 신명나게 하고 자기초월적 존재로 되게 하는 능력적 실재"로서 암묵적으로 이해하고 있었던 것이다. 장공이 "성령은 나면서부터 인간 본성 안에 있는 '영'이 아니고 위로부터 오신 '하나님의 영'이시다" 한 것은 영과 혼은 존재론적 차원과 질서에서 서로 다른 것임을 분명하게 밝히는 것이다.

그러면, 하나님의 영이 사람의 혼에 접촉해서 '영혼'이 탄생하는 것인데, 장공은 이것을 "하늘이 땅에, 하나님이 사람에게 심어지는 것이다"라고 은유적으로 표현했다. 언제 심어지는 것인가? 다시 말하면 언제 하나님의 영은 사람의 혼을 초월적 존재로 고양시킴으로써 '영혼靈魂'이 되게 하는 것인가? 이것을 이해하려면 하나님의 영이 인간 존재에게 임재하는 과정을 두 단계로 나누어서 이해해야 한다. 하나는 '보편적 임재, 혹은 선험적 임재'이고, 다른 하나는 '특별한 임재, 혹은 후험적 임재'이다.

영혼의 기원설 중에 '영혼선재설'이 있다. 플라톤의 이데아사상과 '영혼윤회사상'이 혼합되어 형성된 이론이다. 불멸의, 미완성의 영혼들이 선재先在해 있다가 어느 부부의 성적 결합으로 육체가 조성될 때, 선재하던 영혼이 육체와 결합하게 된다는 견해다. 그러나 종교개혁자들은 '영혼 창조설'에 가깝다. 그것은 사람의 육체 조성 자체도 신비한 하나님의 창조 행위이듯이, 새로운 생명이 육체적 존재로서 조성될 때마다, 그에 합당한 '영혼'이 창조되어 육체의 몸과 불가분리적으로 미성숙한 영혼 상태로 탄생한다는 입장이다.

앞서 말한 '하나님이 사람에게 심어지는 사건,' 다시 말해서 생래적 인간의 본질로서 '혼魂'이 '하나님의 영'과 접촉됨으로써 불가분리적으로 '영혼'으로 고양되며 탄생하는 사건은 '영의 보편적 임재, 혹은 선험적 임재'라고 말할 수 있다. 장공과 비슷한 연대를 살고 간 20세기 가톨릭의 대표적인 신학자 카를 라너Karl Rahner(1904-1984)에 의하면, 하나님의 은총이 모든 인간 안에 존재론적으로 이미 부여되어 있다고 말한다. 여기에서 하나님의 은총이란 '하나님의 영'이라고 바꾸어 이해해도 같은 의미이다.

특별한 성령의 은사 체험 이전에, 아니 그리스도교적 성령론이 강조하는 특별한 성령을 알든 모르든, 그가 인간인 한, 사람으로서 이미 그는 '하나님의 영'에 의해 하나님을 알고 지향하도록 고양高揚되어 있다는 것이다. 그래서 단순한 혼魂이 아니라 '영혼靈魂'을 지닌 존재, 아니 탄생할 때부터 영혼을 지닌 인간이라는 것이다.

도토리 열매 속의 '배아胚芽'처럼, 수정란 안의 유전자처럼, 인간성 속에 존재론적으로 주어진 '하나님 형상'은 신적 품성으로 꽃피어날 가능태, 잠재태이다. 이 영혼의 씨앗이, 인간 지성과 감성과 덕성이 성장해가면서, 이 신적 속성을 배아처럼 간직하던 인간 품성이 영성으로 꽃피고 영글어가려면 '하나님 영'의 '특별한 임재, 혹은 후험적 임재'가 필요한 것이다. 그것을 그리스도인들은 성령체험이라 부른다. 성령체험의 양태는 사람마다 다양하고 신비롭다. 폭풍이나 폭포처럼 오기도 하고, 미풍이나 봄비처럼 조용히 역사役事하기도 한다.

바울 사도에 의하면 인간의 최고 영광은 아이가 자라서 성인이 되어 부모 사랑을 알고 효도하듯이, 이제 후험적으로 성령의 임재

체험과 도우심을 입은 인간이 자신의 몸으로 '성령님'을 모시는 것이다. "너희가 하나님의 성전인 것과 하나님의 성령이 너희 안에 계시는 것을 알지 못하느냐?"(고전3:16)

장공은 예수님이 흙과 돌과 나무로 만든 성전 회당에 관심을 가지신 것이 아니라 '인간 성전' 회복과 건설에 관심을 쏟으신 것을 기억하라고 강조한다. 옳은 말씀인 줄 알면서도, 현실 속에서 교역자들과 열심 성도들은 '인간 성전' 건축보다 웅장하고 화려한 교회당 건축에 관심을 쏟는 것은 왜 그럴까? 과시욕, 성취욕, 공로와 업적을 쌓고자 하는 유혹이 그 배후에 있다.

장공은 여든일곱 해 나그네 삶을 살면서, 별의별 인간 군상을 만나는 체험을 했다. 교단 창립, 새로운 신학 교육, 민주화운동, 평화통일운동 등등, 운동 속에서 기쁨도 맛보고 선한 동지들도 많이 만났다. 그러나 생애 후반의 고백적 종교시 '성령찬가'를 들어보면, 인간의 뿌리 깊은 범죄성과 원죄성 앞에서 절규하듯 탄원한다.

새롭게 하시는 성령의 재창조 없이는 새사람, 교회, 신학 교육, 민주화, 평화통일이 없다는 것이다. 그리고 성령님을 '하늘 어머니 사랑'이라고 고백하면서 성령 하나님의 모성적 무량애無量愛에 마지막 희망을 건다.

제8강

/

증생: 품성 도야가 아닌 인간 혁명

　새사람이라는 것은 만들어지는 것이 아닙니다. 이것은 사회구조의 산물이 아니라 영적으로 다시 난 인간입니다. 이것은 하늘이 하는 일이요 사람이 할 수 있는 일이 아닙니다. '새 사회'도 그러합니다. 하늘나라가 땅에 임하는 때에만 가능한 것입니다. 사회구조 자체가 하나님의 영광이 머무는 장막이어야 하겠기 때문입니다. 제3의 차원이 필요합니다. 역사적 혁명은 이것을 가져오지 못합니다. 운명적으로 제2차원밖에 갖고 있지 않기 때문입니다.

인간혁명, 「전집」 제1권, 326-327쪽

　그 무렵(1924), 서울시내 장로교회 연합사경회가 승동예배당에서 열렸는데 강사는 유명한 김익두 목사였다. 그는 원래 장돌뱅이 깡패 두목이었는데 목사가 돼서 주로 부흥집회를 맡는다고 한다…"옳다. 나도 믿겠다!" 하고 결단했다. 그 순간, 정말 이상했다. 가슴이 뜨겁고 성령의 기쁨이 거룩한 정열을 불태우는 것이었다. 성경 말씀이 꿀송이 같고 기도에 욕심쟁이가 됐다. 교실에서 탈락한 자연인이 교회에서 위로부터 난 영의 사람이 됐다.

서울3년, 「전집」 제13권, 48쪽

　성령으로 거듭난 인간, 위로부터 다시 난 인간에게 있어서는 옛 사람은 십자가에 못 박혀 죽고, 그리스도의 부활과 함께 새사람이 그리스도와 함께 탄생하는 것이라 하겠습니다. 이것이 있기 전에는 온갖 혁명의 악몽(nightmare)은 또 한 페이지 피의 비극을 재연할 것뿐인가 합니다. 수평적이 아니고 수직적인 혁명은 기적을 요합니다. 이 혁명은 폭력으로서가 아니고 사랑으로 진행됩니다. 기만과 압박으로서가 아니라 정의와 자유로 되어집니다.

인간혁명, 「전집」 제1권, 327쪽

믿음이란 것은 신뢰하는 마음으로 자기 심정을 열고 하나님의 사랑을 받아들이는 태도입니다. 수양을 전제조건으로 요구하지도 않습니다. 무아 해탈을 위해 인간관계의 인연을 끊을 필요도 없습니다. 다만 자기 마음 문을 활짝 열어놓고 "저는 이런 녀석입니다. 주님께서 들어오셔서 마음대로 하십시오. 주님 좋으신 뜻대로 고쳐 만들어 주십시오!" 하는, 하나님께 마음문을 열어놓는 태도입니다. 그리하면 하나님의 영이 그 안에 오셔서 재창조의 작업을 시작하고 진행시키는 것이라 하겠습니다. 그는 하나님 앞에서 피동적입니다. 그러나 그 피동적인 것이 그 인간에게는 협동적이 되고 하나님께는 능동적이 됩니다.

크리스천의 자유, 「전집」 제1권, 231쪽

우리는 성경을 하나님의 말씀이라고 합니다. 그러나 성경은 하나님의 말씀이 기록된 책입니다. 문자화文字化한 '말씀' 그 자체가 '산 말씀'인 것은 아닙니다. 이 말씀이 진정 '산 말씀'이 되려면 그 말씀을 읽는 사람이 성령의 감화와 자기 자신의 인격적 결단에 의하여 그 말씀을 인격화人格化해야 합니다. 그러지 않으면 그 말씀은 그냥 '기계의 소리'에 불과할 것입니다.

산 말씀, 「전집」 제1권, 233쪽

그래서 그 사람은 성령의 능력으로 선을 행할 영력을 소유하게 되는 것입니다. 선을 행함으로써 선한 사람이 되는 것이 아니라, 선한 사람이 됨으로써 선을 행하게 되는 것이라 합니다. 예수의 비유에 맞추어 말한다면, 선한 나무에 선한 열매가 맺는 것이요, 악한 나무가 악한 열매를 맺는 것입니다. 나무의 성격이 그 열매를 규정하는 것이요, 그 반대는 아니란 말입니다.

크리스천의 자유, 「전집」 제1권, 231쪽

【내용 새김】

종교 체험은 초월적 차원과 관련되는 체험이기 때문에 평면적 지성의 차원에서는 이해되기 어려운 면이 있다. 말하자면 종교적 체험이란 본질적으로 '신비적'이라고 표현하는 어떤 요소를 내포한다는 말이다. 그러나 그 신비성이 반지성적이거나 반윤리적인 것은 아니다.

미국 하버드대학교에서 생리학, 철학, 심리학을 가르쳤던 대석학

윌리엄 제임스William James(1842-1910)는 그의 명저 「종교체험의 다양성」에서 말하기를, 신비체험은 언표불가능성(ineffability), 이해 가능성(noetic quality), 일시성(transiency), 수동성(passivity)과 같은 네 가지 특성을 지닌다고 지적했다. 제임스의 학문적 신뢰성을 감안할 때, 그의 지적은 주목할 만한 깊은 통찰을 주며 또한 모든 형태의 종교 체험의 진정성을 판가름하는 기준이 된다.

'성령聖靈'이란 '거룩한 영'이라는 말뜻의 한자어 표기로서 일반적인 영 체험과 구별하여 특히 그리스도교에서 말하는 숭고한 영 체험을 가리키는 어휘가 되었다. 그러나 본질적으로 사람은 '하나님 자신'을 다 모르고 다만 우리에게 계시되고 체험된 하나님을 알 뿐이다. 마찬가지로 성령도 그러하다. 신학자들이 '성령' 전문가인 것처럼 많은 말과 글을 쓰지만, 성령은 피조물에게 '오시는 하나님'이요 신비이신 '하나님의 신적 현존 양식'이기 때문에 항상 신비이다. 사람은 그 앞에서 겸허해야 한다. '성령 전문가'임을 자처하는 사람들을 경계해야 한다.

장공은 성령 체험을 여러 차례 인상 깊게 한 사람이다. 그래서 자신의 체험에 기초하여 분명하게 말한다. "성령은 나면서부터 인간 본성 안에 있는 '영'이 아니고 위로부터 오신 '하나님의 영'이시다."라는 것이다. 성령은 은사 받은 대부흥사가 부리거나 조종할 수 있는 대상이 아니고, 성령이 부흥사를 사로잡아 사용하시는 인격적이고 주체적인 신령이기에 '존귀, 영광, 찬양'을 받기에 합당한 분이시다.

윌리엄 제임스가 지적한 것처럼, 장공도 김익두 목사의 부흥사경회에서 성령 체험을 했을 때, "은혜에 사로잡히는 체험"이었다고 고백한다. 그 결과는 단순한 이상 체험이 아니라, 신생新生 체험, 중생重生 체험이라는 특징을 드러낸다. "교실에서 탈락한 자연인이 교회에서 위로부터 난 영의 사람이 됐다"고 고백한다. 예수께서 니고데모에게 말씀하신바 "사람이 물과 성령으로 나지 아니하면 하나님의 나라에 들어갈 수 없느니라. 육으로 난 것은 육이요, 영으로 난 것은 영이니 내가 네게 거듭나야 하겠다 하는 말을 놀랍게 여기지 말라."(요3:5-6)는 그 말씀 그대로이다.

불교, 힌두교, 유교, 도교 등 인류의 고등 종교들과 비교할 때, 기독교의 두드러진 특징은 '거듭남의 종교'라고 말해도 과언이 아닐 것이다. 인간의 생래적 본성, 이기적 경향성, 권력욕과 명예욕, 자기가 생명계의 중심이려고 하는 교만심이 '십자가' 안에서 죽고 새로운 피조물, 특히 '자유, 사랑, 봉사의 사람'으로 거듭나는 특징을 드러낸다. 일종의 가치전도가 일어난다. 세상 사람들이 추구하는 지상至上의 목적에는 전혀 관심과 매력을 느끼지 않게 되고 심지어 "해가 되고, 배설물 같이"(빌3:7-8) 느껴진다. 왜냐하면 예수 그리스도 안에서 되찾고 선물로 받은 새 생명, 참 진리, 하나님의 나라가 너무나 고상하고 가치 있게 다가오기 때문이다.

교회를 중심으로 전개되는 소위 기독교계의 모든 추태와 바람직하지 못한 일들은 왜 일어나는가? 그 사람이 저명한 지도자로서, 예를 들면 성직자, 학자, 신학 교수, 신학 박사, 열심 있고 능력 있는 선교사, 능력을 받았다는 대부흥사 등등 어떤 인물이든지 핵심은 그 사람이 '거듭남 체험, 중생 체험'을 철저히 했느냐가 중요하다.

사도 바울이 갈라디아서에서 단도직입적으로 "내게는 우리 주 예수 그리스도 외에 결코 자랑할 것이 없으니, 그리스도로 말미암아 세상이 나를 대하여 십자가에 못 박히고, 내가 또한 세상을 대하여 그러하니라. 할례나 무할례가 아무것도 아니로되 오직 새로 지으심을 받는 것만이 중요하니라"(갈 6:14-15)라고 갈파한 것은 현대에서 '할례나 무할례냐' 논쟁이란 그 사람의 신학이 진보냐 보수냐, 개인 구원 강조냐 사회 구원 강조냐, 대형교회냐 소형교회냐, 가톨릭이냐 개신교냐, 장로교 정통파냐 감리교나 다른 교파냐 따위는 문제가 아니라는 뜻이다. "오직 새로 지음 받은 것"만이 중요하다는 것이다.

그런데 문제의 심각성은, 도덕적으로 탈선하고 영적으로 양심에 화인火印을 받은 자처럼 파렴치한 종교계 지도자들이나 신도들이 주장하기를, 자기들도 '거듭남 체험'을 했고 '새로 지음 받은' 성령 은사 체험을 했노라고 자부한다는 점이다. 문제는 두 가지 중에 하나일 것이다. 그 사람이 체험했노라고 착각하는 지난날의 '중생 체험'이 단순한 과잉흥분 상태의 일시적 심리 변화에 불과했던 경우이거나 아니면 중생 체험이 철저하지 못하고 이어지는 성화聖化의 삶을 살아가지 않은 경우일 것이다. 어느 경우이거나 결과적으로 바리새인처럼 '도덕적 영적 교만병, 치매병'에 걸려서 "자기 속에 있는 빛이 어두운 줄도 모르는 어리석은 사람"(눅11:35)이 되고 만다.

우리 주위에서 경험하는 바에 의하면, 약물중독이나 마약 중독보다도 더 치명적인 중독이 '종교중독증'이라는 아이러니이다. 여기에서 말하는 '종교중독'이란 종교가 그 사람 생명을 살리고 더 풍성하게 하는 살아 숨쉬는 종교, 생활신앙이 되지 못하고, 교리나 정통 신학 체계 혹은 자기류의 독단적이고 독선적인 성경 해석관에 사로잡혀서 피도 눈물도 없는 사람, 가슴이 차가운 대심문관처럼 인간성 상실자가 되어버리는 위험이다.

설교 강단에 서는 목회자가 예복을 입는 것은 성직자의 권위나 박사학위의 명예를 나타내기 위함이 아니다. 구약의 제사장들이 입는 에봇ephod은 '거룩의 빛' 앞에서 피조물이 죽음을 면하기 위한 상징적인 옷이다. 대형 병원에서 핵방사선 물질로 촬영하는 의사와 직원들이 방사선 물질에 노출되지 않으려고 입는 안전장치로서의 고무 앞치마와 같은 것이다. 그런데, 일부 개신교 목사들은 목회자의 예복을 권위 과시의 표징으로 착용하려 든다. 이미 '종교중독증'에 걸린 징후라고 봐야 한다.

예수님의 표현대로 하면, 성령의 사람은 "나무 자체가 좋은 나무"로 바뀌어서 좋은 열매를 맺는 것이다. 나무 자체는 변화하지 못한, 좋지 않은 나무 그대로이면서 보기 좋은 열매들을 가져다가 나무 아래 쌓아놓고서 좋은 나무인 척하는 경우가 적지 않다. 종교란 거룩한 것이고 인간의 가장 숭고한 체험 영역이지만, 종교가 '거룩의 이름'으로 가장 비인간적이고 악마적인 행동을 할 수 있다는 현실이 참으로 두렵다.

제 9 강

/

예수를 믿는다는 뜻

【장공의 글 읽기】

"믿음은 바라는 것들의 실상이요, 보이지 않는 것들의 증거"(히 11:1)라 했다. 말하자면, 아직도 미래에 속한 소망이지만 그것을 지금 실상으로 갖고 있는 것과 같이 확실하게 현재화現在化하는 사람의 태도, 아직 나타나 보이는 것이 아니지만 마치 부동산 등기부등본을 갖고 있는 것 같이 확실하게 현실화現實化하는 삶의 태도를 믿음이라 한다는 것이다.

말씀을 새긴다(4), 「삶과 신학」 291쪽

기독교에서 '믿음'이란 일반적인 생활태도라기보다 그리스도와 나와의 관계를 말한다. 말하자면 '나'라는 인격이 그리스도라는 인격을 향해 신뢰와 존경으로 나를 개방하는 결단이며, 그에게 나를 개방하여 그가 나와 인격적 친교를 가질 수 있게 하는 것을 뜻한다.

말씀을 새긴다(4), 「삶과 신학」 291쪽

종교생활에는 물론 의식儀式과 조문條文이 필요하며, 철리哲理와 모략謀略도 필요하다. 그러므로 하나님께서는 사제司祭도 두시고 지자智者도 두신 것이다. 그러나 이 모든 것은 거룩한 생명이 발자潑剌할 때에만 그 종교적 가치를 가질 수 있는 것이요, 영적 생명이 떠난 때에는 그 의식, 그 지략은 그대로 사해死骸며 위계僞計인 것이다…그러므로 대제사장이시며 최대의 지자智者이신 그리스도께서도 그 심정은 언제나 선지자적이었으며, 선지자의 계통을 이어 선지자들이 바라고 기다리던 대大 이상을 성취하고 실행함으로써 그 사업의 목적을 삼으신 것이다.

선지자적 심정, 「삶과 신학」 448쪽

신약은 예수라는 인물의 생生과 사死와 부활이라는 사건에 하나님이 어떻게 그 자신을 계시하셨는가를 증언한 것이다. 그중에서도 그의 죽음은 속죄의 의의를 가진 것이고, 그의 부활은 그의 신자성神子性을 입증한 것임과 동시에 악령과 악인에 대한 그의 승리를 의미한 것이었다. 로마제국에서의 해방보다는 더욱 근본적인 해방, 죄와 사망에서의 해방을 의미한 것이었다.

대한 기독교장로회의 역사적 의미, 「삶과 신학」 348쪽

몸을 이룬 그리스도 자신이 그대로 말씀이란 것입니다. 그리스도가 입으로 말한 것만 아니라, 그의 생활 자체, 즉 기거동작, 그 사업, 그의 노고, 그의 교훈, 그의 죽음, 그의 부활, 그의 승천, 그의 삶과 죽음 전체가 말씀의 '몸'이었다는 것입니다. "내가 곧 길이요, 진리요, 생명이라"고 그리스도 자신이 선언했습니다. 그리스도에 있어서 진리와 그리스도가 따로 대립되어 있어서 그리스도라는 주격과 진리라는 객격이 분리되어 있는 것이 아니라는 말입니다. 그리스도가 진리를 가르친다기보다는 그리스도 자신이 진리라는 것입니다.

산 말씀, 「전집」 제1권, 233쪽

'하나님의 나라'가 땅 위에 임한다는 것이 예수의 선언이었다. '하나님의 나라'는 하나님의 뜻에 사랑과 충성으로 순종하는 인간들 속에 임하는 정신적 왕국이다. 그것이 '나라'이니만큼 사회화를 전제로 하지 않을 수 없다. 그 '나라'는 세속 역사를 소재素材로 한다. '서 말 가루반죽에 섞은 작은 누룩'과 같이 그 가루반죽을 변화시킨다.

말씀을 새긴다(1), 「삶과 신학」 274쪽

【내용 새김】

신앙생활 하는 가운데 종종 이런 말을 듣는 경우가 있다. "아무개 집사는 참 믿음이 좋지만 나는 믿음이 약해서 교회에서 맡으라는 집사 직분 같은 것은 아직은 자격이 안 됩니다. 좀 더 있다가 나도 믿음이 커지면 직분도 맡겠습니다." 그렇게 말하는 순진한 어느 평신도의 겸손한 심정은 충분히 이해가 된다. 위의 짧은 말 안에서 그 신도가 믿음이란 것을 어떻게 생각하는 것인지가 드러나 있다. 믿음이 좋다, 약하다, 커지면 등등엔 여러 가지 뜻이 담겨 있다.

아무개 집사가 "참 믿음이 좋은" 표징은 자기보다 우선 성경 내용을 잘 알고 여러 번 통독했으며, 대표기도를 막히거나 더듬거리지 않고 뜨겁게 잘하고, 자기는 부끄러워서 노방전도를 한 번도 해 본 적 없는데 그 집사는 노방전도를 잘하고, 기독교 교리에 관해서도 많이 알고 있다는 점 등등을 열거할 수 있다. 물론 앞에서 열거한 표징들이 진실한 신앙인의 표징일 수는 있다. 그러나 그 표징들이 진실한 믿음을 대신하는 것은 아니며, '예수를 믿는다'는 신앙적 본질을 담보하는 것은 아니다.

장공은 믿음에 대하여, 특별히 '예수를 믿는다'는 의미에 대하여 말한다. 위대한 이웃 종교의 신앙 현상과 비교할 때, 기독교의 특징은 예수의 훌륭한 인격을 흠모한다든지, 그의 훌륭한 가르침을 나의 삶의 지표로 삼고 그의 고상한 지혜를 내가 깨달아 인생 항로를 나아가는 데 도움을 받는다는 종교적 태도와는 매우 다른 점이 있다. 우리는 "석가모니를 믿는다"거나 "공자님을 믿는다"는 말을 거의 듣지 못한다. 그런데 기독교에서는 "예수를 믿는다"라고 말하는데 그 진정한 의미가 무엇인지 장공은 말해주고 있다.

첫째, 예수 그리스도는 이스라엘 신앙 전통의 마지막 결승점이요 유대인으로서 유대교 신앙의 토양 속에서 성장하시고 말씀하셨다. 그리스도교 신학 과정의 전문과정에 '예수 그리스도의 삼중직三重職'이라는 말이 있다. 이스라엘 신앙 전통, 구체적으로 유대교 종교 문화 전통에서는 제사장, 예언자, 지혜자로 구별되는 존경받는, 뽑아 세운 일꾼들이 있는데, 예수는 그 세 가지 직능 곧 제사장직, 예언자직, 지혜자직을 모두 통전적으로 성취하신 분이라는 말이다. 장공은 그 세 가지 직분 중에서도 예수는 일차적으로 예언자적 심정, 예언자적 전승, 예언자적 기질을 가지고 삶을 살았다고 본다.

예수 그리스도의 삼중직 중에서 '제사장직'을 일차적으로 강조하면 예수 그리스도의 '대속적 속죄 제사'를 기독교의 본질로 보고, 교회는 바로 예수 그리스도의 '속죄 대업'을 반복적으로 강조하고 집행하는 것을 교회의 본질로 삼게 된다. 로마 가톨릭교회가 예배를 곧 '미사집례'로 강조하는 것이 대표적 사례이다.

예수 그리스도의 삼중직 중에서 지혜자 직분을 강조하면, 기독교의 본질을 '진리에 대한 큰 깨달음'으로 그 본질을 삼게 된다. 최근 도마복음서의 발견을 강조하면서, 석가모니의 큰 깨달음의 참 지혜처럼, 참 진리를 깨닫고 그것을 인류에게 남겨주심에서 예수의 진면목을, 기독교의 본질을 보려는 이들이 있다. 한국의 토착 기독교에서 주목받는 철인인 다석 유영모의 입장도 그렇다.

예수 그리스도의 삼중직 중에서 예언자 직분을 강조하면, 모든 예언자들이 꿈꾸는 "공의와 긍휼이 바다처럼 넘치는 대동세계의 실현"을 예수의 꿈이요 삶이라고 강조함으로써 기독교의 본질을 찾게 된다. '하나님의 나라 실현'이 예수의 궁극적 목표이자 지향하는 바라고 하면서 그런 맥락 속에서 십자가의 대속적 죽음과 부활이 그 의미가 드러난다는 것이다.

장공의 입장은 "그러므로 대제사장이시며 최대의 지자智者이신 그리스도께서도 그 심정은 언제나 선지자적(예언자적)이었으며, 선지자의 계통을 이어 선지자들이 바라고 기다리던 대이상大理想을 성취하고 실행함으로써 그 사업의 목적을 삼으신 것이다"고 보는 입장이다. 그래서 장공에게 있어서 그리스도인의 삶은 예언자적 현실참여와 공의로운 정의 실현, 아모스와 호세아가 대표하는 예언자의 비전 곧 '공의와 긍휼이 바다처럼 넘치는 생명공동체의 실현'에 동참하는 것이다.

'예수를 믿는다'는 것이 의미하는 바를 바르게 이해하기 위해서 장공이 강조하는 '예수 믿음'의 본질은 예수 그리스도와의 전인격적인 만남을 통하여 예수 그리스도와 인격적 사귐을 누리며 예수를 구주로 고백하고 예수 생명과 일치를 거듭거듭 경험하는 것을 말한다. 기독교의 본질은 정통 신학 체계나 교리를 믿거나 성경 내용을 암기하고 숙지하는 데 있는 것이 아니다. 심지어 성수주일하고 모범적인 교회인으로서 충성하는 것도 2차적 문제일 뿐이다. "예수 생명을 먹고 마심으로써" 예수와 동일체를 이루고 살아가는 삶이 기독교라는 것이다. 요한복음에서 말씀하신 대로, "내 안에 거하라 나도 너희 안에 거하리라…내가 아버지의 계명을 지켜 그의 사랑 안에 거하는 것 같이, 너희도 내 계명을 지키면 내 사랑 안에 거하리라."(요15:4,11)

부흥하고 열심 있는 뜨거운 교회에 가보면 "우리는 말씀 중심의 믿음생활을 한다"는 표현을 많이 듣게 된다. 마땅히 그리스도인의 삶은 '말씀 중심'이어야 한다. 종교개혁 전통이 '말씀 중심'을 강조하기 때문에 개신교에서는 더욱 그리해야 할 것이다. 그러나 흔히 '말씀 중심'이란 것이 행여 개인이나 신앙 그룹이 강조하고 싶은 이런저런 성경구절을 뽑아내어 강조하면서 '성경'을 예수의 살아 계신 인격보다 더 중요시하는 '경전 책 종교 신자'가 되지나 않을지 조심해야 한다. 우리가 성경을 사랑하고 귀중히 여기는 것은 그 책이

“십자가에서 죽으시고 부활하신 예수 그리스도를 증언하고 있기 때문”이다.

‘말씀 중심’을 강조하는 한국교회에게 장공이 던지는 경고는 “몸을 이룬 그리스도 자신이 그대로 말씀이다”라는 것이다. 예수의 입에서 나온 수많은 예화와 교훈, 이후 사도들의 증언들, 그 모든 것은 결국 ‘말씀 자체’이신 예수 그리스도를 가리키는 손가락들이다. 그러므로 진정한 ‘말씀 중심’의 신앙이란 예수 생명을 먹고 마심으로써, 우리가 ‘작은 예수들’로 점차로 변화되어 예수를 내 몸 안에서 살아가게 하는 것이다.

머리와 가슴으로 예수를 사랑하고 존경하던 ‘예수 믿음’이, 발과 손을 움직여 예수님 계명 대로 순명하는 ‘예수 따름’이 되다가, 마지막 단계는 내 안에서 예수가 내 몸을 통해 살아가는 ‘예수살이’로 변해가는 것이다. 그것이 진정한 믿음의 성화 단계요, 21세기의 영성적 삶인 것이다.

제10강

/

십자가의 대속성과 혁명성

　속죄신앙贖罪信仰은 '그리스도'만 우리를 위해 죽으셨고 '나'는 다만 '그'의 십자가만 붙잡으면 그 십자가가 마술적인 능력이 있어서 '나'의 '호신부護身符'와 같이 되어 '나'를 안락의자에 앉은 채로 천당에 데려간다는 식의 망령된 신앙이 아닙니다. 그리스도의 십자가에서 그리스도만이 죽으신 것이 아니라, '내'가 함께 죽은 것입니다. 나는 그리스도의 죽음과 합해졌습니다. 그리스도의 십자가를 믿는다는 것은 그리스도의 십자가의 죽음에 나도 참여했다는 것입니다. 이것이 '수난의 친교'입니다.

기독교의 기본 문제, 「전집」 제4권, 30쪽

　그리스도의 십자가에 동참한 순간, 그는 놀라운 세계를 발견할 것입니다…이 새로운 경이驚異는 나에게서 나온 것이 아닙니다. 이것은 하나님의 은총입니다. 하나님께서는 그리스도 십자가에서 우리 자신 곧 '할 수 없는 죄인들'을 그 하나님 자신의 은총의 손에 받아 그리스도의 부활과 함께, 그리스도의 생명 안에 살리셔서 그 영원하신 삶에 감추어주신다는 것입니다.

기독교의 기본 문제, 「전집」 제4권, 30쪽

　이제 우리는 지존하신 하나님을 "아바, 아버지"라 부르기를 서슴지 않게 되는 것입니다. 다시 말하면, '나'라는 '옛사람'이 죽어서 그

리스도의 은총 안에서 다시 살아 그리스도와 사귀며, 그리스도 안
에서 하나님과 사귀게 된다는 것입니다. 이것이 영생입니다. 이것이
'성도'의 자랑입니다…그리스도와 함께 죽고, 그리스도와 함께 살
아, 그리스도와 함께 새 역사를 만들어 가는 무리의 활동을 가리켜
'성도의 교제'라 이름하는 것입니다.

기독교의 기본 문제, 「전집」 제4권, 31-32쪽

　　예수의 평화는 죄악과 죽음의 권세와 구조악적인 사탄의 장난을
어물어물 넘겨버리고 그들과 타협하여 무사히 지내고 어중간한 데
서 중지하는 식의 미봉적인 평화가 아니었다. 그는 인간의 범죄성
을 그 생래의 성질에서부터 뽑아버리기 위하여 철저하게 싸웠다.
그러나 그 싸움은 악을 악으로 대결하는 방식이 아니라 사랑으로
악을 삼켜 자기 속에서 선으로 소화시키는 방식이었다. 그는 사랑
의 도가니인 자기 몸속에 인류악의 총체를 삼키고 그 악의 독성 때
문에 희생되었다. 그러나 그 희생에서 사실은 악이 죽고 선이 부활
했다. 싸움은 이렇게 끝났다.

그리스도와 인간해방, 「전집」 제9권, 187쪽

　　그러므로 십자가는 가장 철저한 인간혁명, 사회혁명, 종교혁명을
위한 싸움의 표징이었다. 십자가를 말하면서 기존 질서에 안주한다
는 것은 생각할 수가 없다. 그러므로 참 그리스도인은 새 것을 향하
여, 그리고 하나님 나라와 그의 의를 위하여 부단히 전진한다. 그래

서 교회도 불안하다. 전장戰場은 안주처가 아니기 때문이다.

그리스도와 인간해방, 「전집」 제9권, 187쪽

예수는 낡은 술이 아니라, 새 부대에 넣어야 할 새 술을 제공한다. 그는 새 역사, 새 인류의 처음 익은 열매로서 오고 오는 세기의 앞에 언제나 새로운 모습으로 나타난다. 왜 그렇게 새로울까? 왜 시기가 그를 앞질러 가지 못할까? 그는 언제나 혁명의 전선에서 싸우기 때문이다. 언제나 혁명을 요하는 밑바닥 인간들의 친구로서 그들을 위하여 목숨을 내대고 싸워주기 때문이다.

그리스도와 인간해방, 「전집」 제9권, 188쪽

【내용 새김】

불교를 표시하는 상징은 수레바퀴이고, 그 수레바퀴의 모형을 극도로 단순화시킨 것이 만卍이라는 글자다. 삼라 만물이 서로 잇대어 발생하고 존재하다가 쇠잔해져서 사라진다는 인연생기因緣生起, 성주괴공成住壞空, 윤회輪廻를 상징하는 것이다. 기독교를 표시하는 상징은 십자가이다. 고대 로마 형법에서 정치범에 대하여 가장 엄하게 다스리는 처형 방법이 십자가 처형이었는데, 처형 도구인 두 개의 기둥을 세로와 가로로 교차하여 만든 십자가十字架를 기독교 상징물로 삼았다는 것은 생각할수록 소름끼칠 만큼 의미심장하다.

왜 기독교는 자기 종교의 본질 표식을 십자가로 하기로 자의반 타의반 받아들이고 2천 년을 지내온 것일까? '십자가의 신앙'이란 그렇게 쉽게 이해되거나 받아들일 수 있는 것이 아니니, 심원한 스칸달론(걸림돌, 거리끼는 것)인 것이다. 바울은 그 십자가의 역설을 고전적으로 잘 표현했다. "유대인은 표적(이적)을 구하고 헬라인은 지혜를 찾으나 우리는 십자가에 못 박힌 그리스도를 전하니, 유대인에게는 거리끼는 것이요 이방인에게는 미련한 것으로되 오직 부르심을 받은 자들에게는 유대인이나 헬라인이나 그리스도는 하나님의 능력이요 하나님의 지혜니라. 하나님의 어리석음이 사람보다 지혜롭고, 하나님의 약하심이 사람보다 강하니라."(고전1:22-25)

'장공의 글 읽기' 내용을 압축하면 장공은 십자가의 의미를 대속성代贖性과 혁명성革命性이라는 두 가지 키워드key word로 압축하고 있다. 대속성이란 예수 그리스도의 십자가 죽음 사건을 통해서 나와 모든 인류와 창조세계를 지배하던 죽음과 죄성의 독이 해독되고 속죄되어 깨끗하게 되었으며 그 결과로 자유롭게 되었다는 것이다. 이른바 인류의 모든 죄를 도맡아 십자가 위에서 속죄 제물로 자신을 드림으로써, 인간은 죄를 용서받게 되었고, 사망과 사탄의 지배권과 속박에서 속량贖良되었다는 것이다.

예수가 로마제국 치하에서 '하나님의 나라' 운동을 펼치다가 로마 총독과 유대의 종교 기득권자들에게서 동시에 미움 받아 수치스런 십자가 처형으로 죽은 사건을 두고 기독교인들은 어찌하여 그렇게 엄청난 의미를 부여하며 기독교 신앙의 주춧돌로 삼은 것일까? 교회 밖의 일반 사람들의 상식으로는 이해하기 힘든 일이다. 그뿐만 아니라, 2천 년 전에 십자가 처형으로 죽은 예수의 죽음과 피 흘림 때문에, 내가 동의한 적도 없고 대신할 수도 없는 존엄한 개인의 인격적 죗값을 대신 치렀다는 기독교의 대속적 속죄신앙贖罪信仰은 양을 잡아서 피를 가지고 종교적 제의祭儀를 행하던 고대 유대인들의 낡은 유산이 아닌가라고 지성인들은 물음을 던진다.

결론부터 말하면, 장공은 초대교회부터 종교 개혁자들을 거쳐 현대에 이르기까지 줄기차게 전승해오는 십자가 사건의 '대속적 속죄신앙'을 사도 바울이 고린도전서(고전1:22-25)에서 갈파한 것처럼 굳게 붙잡는다. 그러나 본회퍼 목사가 통렬하게 비판했던 통속적인 "싸구려 십자가 대속신앙, 은총신앙"을 엄중하게 경고한다. 십자가 신앙이란 '마술적인 호신부護身符'가 아니라는 것이다. 십자가는 예수가 예루살렘에서 갑자기 우발적으로 당한 죽음 사건이 아니라는 것이다. 하나님이 정해놓은 운명에 따라 피동적으로 "도살장에 끌려가는 양처럼" 죽은 사건도 아니라는 것이다.

장공은 예수 십자가의 대속적 능력은 수만 년 인간의 개인과 집단을 지배해온 죄악과 죽음의 권세, 구조적인 사탄의 장난, 인간의 뿌리 깊은 범죄성을 그 근본에서 극복하기 위하여 처절하게 대결하고 투쟁한 결과를 얻은 승리라고 본다. "사랑으로 악을 삼켜 자기 속에서 선으로 소화시키는 방식"을 택했다는 것이다. "그(예수)는 사랑의 도가니인 자기 몸속에 인류악의 총체를 삼키고 그 악의 독성 때문에 희생되었다. 그러나 그 희생에서 사실은 악惡이 죽고 선善이 부활했다. 싸움은 이렇게 끝났다."는 것이다.

그리스도교 교회사에서 예수 십자가 죽음의 대속성代贖性에 대한 신학적-교리적 해석은 시대의 흐름에 따라 네 가지 유형이 있다. 첫째는 교부시대 이레니우스 교부가 강조했다는 '사탄의 세력과 사랑의 투쟁을 통한 승리자 예수'로 십자가 사건을 이해하는 것이다. 둘째는 중세기 스콜라신학의 선구자 안셀름이 정립한 교리로서 하나님 앞에서 인류가 지은 죗값을 대신 치른다는 '법적 보상설' 속죄론이다. 셋째는 루터와 칼뱅 등 종교개혁자들이 강조한 '대속적 속량설'이다. 넷째는 중세의 신비주의자 아베랄드와 18, 19세기 자유주의자들이 강조하는 '사랑의 감화설'이다. 장공의 견해는 첫째와 셋째 입장을 통전한 입장으로 볼 수 있다.

계몽주의 시대 이후 개인의 주체성과 인격적 책임성이 더욱 강하게 자각되면서, 예수의 십자가 죽음이 아무리 숭고할지라도 내가 지은 죗값을 대신 치르고 속량한다는 대속代贖신앙은 받아들이기 어렵다고 생각하는 그리스도인들이 적지 않다. 현대의 일반 법 이론에서도 성인이 된 자녀가 죄를 지으면 그 당사자가 죗값을 치르는 것이지, 부모가 자식의 죗값을 대신 치르겠다고 아무리 법원에 청원해도 받아들여지지 않는다. 그러나 그리스도교의 '대속적 속죄론'은 훨씬 그 의미가 심장하고 신비하기까지 하다. 양심이 진정으로 예민하고 영성이 맑아지고 밝아지고 보면, 세상의 모든 죄악은 인류 공동의 책임인 것이고, 개인은 전체이고 전체는 개인 안에 모두 들어 있는 것이다. 그렇게 볼 때, 예수의 고난과 십자가 죽음은 당시 형 집행자 빌라도 총독이나 유대교 당국자들의 소행에 그치는 것이 아니다. 그들은 이 세상을 지배하는 악을 대표하고 대변한 집행자들이다. 예수를 죽인 것은 이 세상의 불의, 비진리, 악, 죽음권세, 미움 등 소위 '죄와 죽음권세'의 총체적 세력인 것이다. 이 진실을 깊이 깨달은 초대교회 그리스도인들은 바울이 갈파한 대로 "예수의 십자가와 함께 옛사람인 나도 함께 죽고, 예수의 부활과 함께 나도 새 생명으로 부활했다"고 절감했던 것이다.

젖값으로 팔려간 가족이나 일가친지 대신 값을 치르고 되찾아 오는 것을 '속량贖良'이라고 한다. 속량의 영어 표현은 '어턴먼트 atonement'인데, 그 글자를 파자破字해 보면 '하나가 되는 때(at-one-ment)'라는 의미이다. 장공에게 있어서 예수 십자가의 대속성은 기독교의 항구적 진리인데, 그것은 '교리적 수용'으로써 효능이 자동적으로 발휘되는 마법 주술이 아니라, 예수의 사랑의 희생, 악에 대한 비폭력 저항, 그리고 무한한 용서의 힘에 "하나 되어 동참하는 그때"에야 비로소 십자가의 효능이 실질적으로 현실화된다는 것을 강조한다.

그렇게 예수의 십자가 사건을 똑바로 보고 밝게 근원적으로 이해할 때, 십자가는 '혈과 육'을 중시하고 권력투쟁과 무한경쟁과 승자독식을 당연시하는 이 세상 질서를 근본에서 부정하고 뒤집는 '혁명성革命性'을 지니게 된다. 장공은 놀랍게도 십자가의 능력을 이렇게 갈파한다. "그러므로 십자가는 가장 철저한 인간혁명, 사회혁명,

종교혁명을 위한 싸움의 표징이었다".

　그리스도교의 역사를 되돌아보면, 예수의 십자가 의미가 제대로 선포되고 이해되는 곳에서는 항상 인간성의 변화가 일어나고, 기존 사회질서가 혁신되고, 지배 이데올로기의 하수인처럼 복무하는 가짜 종교를 거꾸러뜨리는 혁명이 일어나곤 해왔다. 혁명은 총칼을 휘두르며 유혈 사태를 벌이는 군사 쿠데타 따위가 아니다. 생명 본래의 참 모습이 드러나도록 오물과 기름을 제거하고 생체 조직을 유연하고 건강하게 회복시키는 것이 혁명, 곧 생명을 새롭게 하는 것이다. 십자가가 도시 교회당 꼭대기에서 네온사인 표시등으로 전락하거나 액세서리가 되는 이 시대에, 장공의 십자가 해석으로 그 대속성과 혁명성을 상기하는 것은 절대적으로 긴요한 일이다.

제11강 / 교회론 1 : 땅 위의 하늘 기관

교회는 하늘의 씨앗이 땅에 뿌리를 내린 사랑의 공동체입니다. 뿌리는 흙을 파고 들어갑니다. 흙이 옥토면 뿌리가 깊게 넓게 퍼집니다…한국 역사는 교회의 옥토 구실을 했습니다. 교회는 생명공동체이기 때문에 나무 자라듯, 곡식 자라듯, 그리고 환경에 적응도 하고 항거도 하며 변화와 갱신을 반복하며 살아가는 것입니다. 그러므로 교회인은 하늘의 영광을 놓치고 땅의 맛에 도취해서는 안 됩니다. 자기가 하나님의 자녀로서, 하나님과 함께, 사랑의 공동체인 교회인이 된 것을 자랑해야 합니다.

교회의 뿌리, 「전집」 제18권, 15쪽

교권이란 것은 과거에 의존하려는 것을 특징으로 합니다. 과거의 전승傳承에서 그들의 권위를 보장받는 것입니다. 그러므로 보수적이며 따라서 새로운 것을 싫어하고 또 무서워합니다. 그것은 새로운 것이 그들의 권위를 전복 또는 훼손시킬까 두려워하기 때문입니다…원래 교권에 의미가 있다면 그것은 하나님 말씀에 봉사하는 의무요, 하나님을 대신하는 통치자나 심판자는 아닌 것입니다. 왜냐하면 교권은 기관화器官化한 객체요 '영의 비의秘義'를 직접으로 경험하는 산 인격이 아니기 때문입니다.

한국교회 윤리생활의 재검토, 「전집」 제5권, 415쪽 한국교회는 교회라는 조직체를 하나님 나라와 일치시킬 정도로 교회주의가 강하다. 교권에 대한 관심도 노골적이다. 정치, 경제, 문화, 사회 등등에 교회는 본격적인 책임을 느끼지 않는다. 세상일이니까 교회는 관여할 바 아니라고 한다. 책임은 지지 않으면서 그 결과에는 동참한다. 염치없는 태도다. 한국교회는 역사에 책임져야 한다.

한국교회의 기독교화, 「전집」 제9권, 364쪽

교회의 지도 원리의 중점은 어떤 데 둘 것인가? 교리도 교권도 필요하다. 그러나 그것이 교회의 중심이 되어서는 안 된다. 우리는 성경의 주인이시고 살아 계신 그리스도를 최고의 권위로 모셔야 한다. 그는 죽은 이가 아니다. 살아 계신 '인격'이시다. 그의 심정은 똑똑히 알려져 있다. 그는 "은혜와 진리가 가득한 분"이시다…장로교의 총회와 노회는 교권을 행사한다는 의미에서 모이는 것이 아니다. 사무 처리와 친교를 위한 것임을 잊어서는 안 된다.

교회지도의 중점을 어떤 데 두려는가?, 「전집」 제2권, 41-42쪽

오늘 우리는 '그리스도의 몸'이라는 '교회'를 역사 안에서 섬기고 있다. '무교회주의'라 하더라도 그것은 '무교회적 교회' 즉 '구조화된 기성 교회를 추종하지 않는 새로운 교회,' 더 철저한 영국의 비국교도(Non-Conformist)를 의미하는 것이다. 퀘이커 교도(Quakerism)도 그 한 사례라 하겠다. 그들은 기관화한 조직 교회에 싫증을 느꼈던 것이다. 귀족화해가는 교직제도, 교회당의 사원화寺院化, 건축비,

유지비 등을 위한 거대한 모금, 그런 비용 때문에 진짜 도와야 할 인간에 대한 봉사를 단념하는 비그리스도교적인 생활 등등을 시정하려 한 것이다.

역사적 종교, 「전집」 제18권, 93쪽

【내용 새김】

우선 교회와 교회당(예배당)을 구별해야 하겠다. 처음 복음이 우리나라에 전파되었을 때부터 1960년대까지만 해도 신앙의 조상들은 '교회'와 '교회당'을 혼동하지 않고 분명히 구별했다. 교회당이라는 말보다도 '예배당'이라는 말을 더 선호했다. 글자 그대로 예배드리는 집, 건물이라는 뜻이다. 예배 시작이 가까웠다는 것을 알리는 예배당 종이 울리면 서둘러 "예배당(교회당)에 가자!"고 말했지 요즘처럼 "교회(예배)에 가자!"고 하지 않았다.

그런데, 1970년대 이후 한국 기독교가 성장주의를 노골적으로 표방하고, 교세 확장을 이뤄가면서 교회와 교회당을 거의 동의어로 사용하는 언어의 혼동이 일어났다. 언어의 혼동은 결국 개념의 혼동을 가져왔으니, 신앙의 본질을 가시적 물증으로 계산하려는 기독교의 물상화 증상이 대두된 것이다. 그리하여 능력 있는 교인이 '교회당' 건물을 신축하면 곧바로 교회를 세운 것이라고 착각하게 되었다. 교회를 사람이 맘대로 세우기도 하고 폐기하기도 하는 세상의 조직체라고 보게 되었다.

이러한 잘못된 교회관에 대하여 장공은 일침을 가한다. 교회는 비록 땅 위에 있지만 땅에 속한 기관이 아니고 하늘에 속한 신령한 기관이라고 강조한다. 교회는 역사 속에 있고, 역사를 통하여 일하고, 역사를 위하여 일하지만 역사에 속한 기관은 아니라는 점을 강조한다. 세상의 법질서로 보면 교회도 종교법 테두리 안에서 제약을 받고, 국가 정부 조직체계 중에서 문화체육부의 관할 아래 있지만, 그것은 교회가 사회법 질서를 무시하거나 위반할 때 질서를 세워가기 위함이지 문화체육부 장관이나 대법원장이 교회의 본질과 영성을 이래라저래라 규정할 권리는 없는 것이다.

"교회의 본질은 땅 위에 있는 하늘기관이다"라는 단순한 명제를 얼마나 깊이 철저하게 인지하느냐에 따라 교회의 품격이 결정된다. 그렇지 않으면 교회는 자기의 거룩함과 존엄성과 신성성을 스스로 포기하고 하나의 사회 법인체法人體로서 일종의 '종교주식회사' 수준으로 전락하고 만다.

오늘날 교회의 권위 상실과 타락 현상은 말로는 거룩한 기관이라고 하지만 실질적으로는 '종교주식회사'처럼 되어 버린 데서 온 것이다. 기업체가 주식회사라면 이사회가 있듯이, 당회나 제직회가 있고, 주주들이 있듯이 등록 교인들이 있고, 주주총회가 회사의 최고 의결기관이듯이 당회나 교인들의 공동의회가 교회 운명을 좌지우지한다고 믿는 것이 현실이다. 살아 계신 그리스도, 성령님은 이름만 빌려준, 세상 언어로 풍자하면 '바지사장'이 되고 말았다. 오늘날 기독교계 안에 있는 종교 모리배나 다름없는 이들의 파렴치하고도 방자한 행위들을 보면 필자의 말이 과도하다고 탓하지 않을 것이다.

그러나 사도 시대부터 참다운 교회는 그렇게 자신을 생각하지 않았다. 교회의 본질 중 가장 중요한 것은 거룩함이었다. 신성한 것이라는 말이다. 교회의 거룩함, 사도성, 일치성, 보편성은 교회가 간직한, 보이지 않는 네 가지 특징이라고 확신해왔다.

교회가 거룩하고 신성한 땅 위에 심어진 하늘기관이 될 수 있는 것은, 인간들이 모여서 거룩하게 치장하고 교회법을 만들고 거룩한 종교적 분위기를 만들어감으로써 가능한 것이 아니다. 교회의 신성함 곧 거룩함은 교회의 주춧돌이신 예수 그리스도의 영적인 몸과 사랑과 공의로움이 신성하기 때문이다.

교회의 거룩함은 교회당의 거룩한 건물이 발산하는 경외로움으로 보장되는 것이 아니다. 교회당(예배당)이야 아름답게 지어지면 좋지만, 초대교회는 교회당이 따로 없이 가정에서나 카타콤(로마 지하무덤)에서 모여 예배를 드렸다. 맨 처음 한국의 자생적 예배당은 초가집이었다. 베드로 대성당, 쾰른 대사원, 웨스트민스터 대가람이 아니라도 예수를 마음에 모신 참 그리스도인들이 두세 명만 모이면 그곳이 교회였다.

그런데 세상 이치란 참 묘하기 때문에 항상 보이는 면과 보이지 않는 면이 동시에 있다. 논두렁이나 밭고랑에 심어놓은 콩을 예로 들어 보자. 콩이 자랄 때 '콩깍지와 콩알'은 함께 자란다. 콩깍지는 보이는 면이고 콩알은 콩깍지 안에서 자라고 있어서 처음에는 배아처럼 잘 보이지 않는다. 그러나 콩깍지가 존재하는 이유는 콩알을 보호하고 영글게 하기 위한 식물의 묘책이다. 가을 추수 때면 콩알은 고이 거두어 곳간에 보관하지만, 콩깍지는 쇠죽거리나 아궁이 불쏘시개로 써버린다.

콩깍지와 콩알의 은유는 모든 존재론적 원리를 드러낸다. 폴 틸리히Paul Tillich(1886-1965)는 그 존재론적 원리를 '역동성과 형태성(Dynamics and Form)'이라고 명명했다. 모든 존재하는 것들은 내면적 역동성, 자발성, 생명성을 추구한다. 동시에 형태, 형식, 조직, 질서, 제약이 필요하다. 두 가지 요소는 겉으로 보면 서로 길항작용拮抗作用을 하지만, 그 속의 실상을 들여다보면 존재하기 위하여, 생명적이기 위하여 서로가 서로에게 필요불가결한 요소임을 알 수 있다.

교회로 말하면, 역동성은 그리스도의 몸으로서 생명력, 거듭난 새사람 탄생, 사랑과 정의의 발현, 생동하는 말씀 선포 등이다. 형태성은 교회당 건물, 교회 내부 조직과 직분 임명, 교리와 신학 체계, 교권과 교회법 등이다. 교회의 역동성과 형태성은 각각 콩알과 콩깍지에 해당된다. 둘 다 필요한 것이다. 그러나 궁극적으로 무엇이 본질이 되어야 하느냐 하면 콩알이 콩깍지보다 귀중한 것이듯 교회도 그렇다.

교회가 땅 위에서 '거룩한 하늘기관'으로서 소임을 다하기 위해서 개별 교회들의 연합체인 '교단 총회'나 '노회'(장로교)나 '교구' 조직도 필요하고, 행정을 위해서 교권도 필요하다는 것을 장공은 인정한다. 그러나 항상 조심해야 할 것은 교권주의는 생동하는 교회가 경직화된 모습이라는 것, 교회 행정 조직체인 총회나 노회가 살아 계신 그리스도 권위를 '대신'하려는 유혹을 극복해야 한다는 것이다.

마지막으로 장공은 땅 위에 서 있는 교회가 완전무결한 것이 아님을 인정한다. 실제로 교회 안은 시시때때로 분란도 있고, 교회가 더러 실패하기도 하고 유혹에 넘어가기도 한다. 그렇다고 해서 "완미完美하지 못한 현실 교회"를 비판만 하며 떠나서 이상적인 교회를 운위하는 자세를 경계한다. 사도 바울이 개척한 고린도교회 등 모든 교회들도 완전하지는 않았지만, 불완전한 교회를 사랑하고 충성했던 이유를 생각하라고 권고한다.

제12강

/

교회론 2: 인간 혁명의 도장

　교회는 사람으로 하여금 하나님과 사람과의 정상관계를 수립하는 것으로 그 첫째 목적을 삼는 것이다. 교회가 선한 일이면 무엇이든지 모조리 다 하고 싶고 또 해야 하겠지만, 무엇보다도 먼저 해야 할 것은 그리스도의 속죄로 인하여 하나님이 죄인과 화목하시는 복음을 전달하며 이 길을 명시하여야 한다.

교회와 시대, 「전집」 제1권, 305쪽

　교회는 신자信者로 하여금 그리스도 안에서 하나님과 화목케 함과 동시에 하나님의 성령의 내주內住로 말미암아 죄성罪性과 죄권罪權에서 해방되어 영靈의 자유를 얻어 고통과 사망의 공포에서 벗어나 영생의 희열과 평화를 얻게 하는 곳이다.

교회와 시대, 「전집」 제1권, 305쪽

　교회는 또한 세속적 정욕情慾 중심의 거대한 옛 사회 안에서 심령적 하나님 중심의 새로운 영생사회를 건설하여 마치 누룩이 가루를 변화시키듯이 이 세상 나라가 하나님 나라로 화化하게 하는 가장 근본적인 새 사회 건설의 내재적 활력이 되는 것이다.

교회와 시대, 「전집」 제1권, 306쪽

　교회는 살아 있는 유기체有機體이니만치 그 시대 시대의 공기를 호흡하며 그 문화를 섭취동화攝取同化하거나 배제排除하는 것이다…교회와 시대의 접촉은 부단한 투쟁을 의미한다. 먹느냐 먹히느냐 하는 격렬한 싸움이다. 교회가 시대를 정화淨化하느냐, 시대가 교회를 삼키느냐 하는 투쟁이 계속된다. 그리고 자칫하면 교회는 그 섭취한 '시대' 때문에 발병하여 약체화된다.

교회와 시대, 「전집」 제1권, 307쪽

    지금 우리는 교회의 독특한 영적 도덕적 사명에 입각하여 그 안에 있는 온갖 비도덕적인 것을 배제하여야 한다…국가지상주의, 탐욕스러운 자본주의, 무신론의 공산주의자들 한복판에 성애聖愛의 십자가를 용감히 세울 수 있다면 얼마나 큰 영광이냐! 그러나 현재 한국 교회는 이 부패한 실정에 있어서 이런 영예의 십자가를 짊어지기에는 너무나 무기력하고 용의用意가 없다.

교회와 시대, 「전집」 제1권, 308쪽

【내용 새김】

장공 김재준 목사의 이미지는 그리스도인으로서 역사와 세상의 정화淨化를 위하여 다른 어떤 동시대의 기독교 지도자보다도 예언자적 비판 정신을 가지고 불의한 역사를 정의롭게 변화시키는 사회참

여적 지도자로 알려져 있다. 그의 신앙 노선의 영향을 받아 한국교회협의회(NCCK) 회원 교단 중에서도 기독교장로회는 사회윤리적 발언과 참여를 활발하게 하는 교단으로 인식되고 있다. 그것은 사실이고 부족하나마 긍지를 가질 일이다.

그러나 장공 신학과 기독교장로회의 특징이 오로지 '사회 구원'과 교회의 역사참여에만 있다고 단언하는 것은 큰 오해이고 잘못된 것이다. 장공과 기장의 사회윤리적 발언과 적극적인 참여는 그리스도인으로서 당연히 수행해야 할 사회윤리적 책임인 것이지, 교회의 일차적 사명이 사회정의 수립을 위한 투쟁이라고 생각해서가 아니다. 그런데도 그 같은 오해가 기독교장로회 산하 교단 지도자들과 신학도들과 평신도들에게 만연해 있다. 장공의 글을 읽어보면 그러한 생각은 옳은 것이 아니라고 강조하고 있다.

장공에 의하면 교회의 일차적 사명은, 무엇보다도 예수 그리스도 안에서 혈육적 옛 사람이 거듭남을 얻어 새 사람으로 태어나는 인간혁명에 있다. 그 일은 구체적으로 "사람으로 하여금 하나님과 정상 관계 수립"을 이루게 하는 일이다. 구체적 방법은 무엇인가? "무엇보다도 먼저 해야 할 것은 그리스도의 속죄로 인하여 하나님이 죄인과 화목하시는 복음을 전달하며 이 길을 명시하는 것이다"라고 분명하게 말한다.

기독교장로교단만이 아니라 진보적인 교회의 특징은 그동안 교회중심주의와 자폐증으로 벽을 높이 쌓은 교회 안에서 이어오던 신앙생활을 크게 반성하고, 세상 속으로 "흩어지는 교회, 하나님의 선교를 수행하는 교회, 지역사회에 봉사하는 교회"가 되기를 강조해 왔다. 옳은 일이다. 그러나 세상에 흩어지고 사회를 변혁시키고자 세속 사회 안으로 들어가는 그리스도인은 먼저 신앙이 단단하게 잘 영근 알곡 같아야 하고, 온갖 세속의 파도와 역풍을 이겨내는 인격을 갖추어야 한다.

특히 요즘 한국 사회는 빈익빈 부익부로 극도로 양극화되어 사회 변두리로 쫓겨난 소외된 사람들이 너무나 많다. 이에 교회가 선한 사마리아인의 마음을 가지고 사회복지사업에 전력을 다하는 것은 당연한 일이다. 다만 엄밀하게 말하면 선진국에서처럼 국가나 정부가 감당해야 할 사회복지사업을 교회의 본래 일인 양 착각하고 '선한 일이라면 모조리 한다'는 자세로 투신하여 정작 교회만이 담당할 수 있는 일차적 임무를 소홀히 하는 잘못을 저질러서는 안 된다고 장공은 경고하는 것이다.

거듭 말하거니와, 장공은 교회만이 담당할 수 있는 일차적 사명을 강조하면서 "그리스도 안에서 하나님과 화목함과 동시에 성령의 내주內住로 말미암아 죄성과 죄권罪權에서 해방되어, 영의 자유를 얻어 고통과 사망의 공포에서 벗어나 영생의 희열과 평화를 얻게 하는 곳이 교회이다"라고 강조한다. 여기에서 흔히 양자택일로 강요하는 '개인구원'이냐 '사회구원'이냐라는 질문은 질문 자체가 잘못된 것이다.

개인구원과 사회구원은 양자택일의 성질이 아니고 동전의 앞뒤 관계, 손바닥과 손등 관계다. 다만 어느 일이 먼저 선행되어야 하는

가의 관점에서 장공은 우리의 선입견을 뒤집고 "개인의 인간혁명"이 먼저 일어나야 한다고 했다. 그런 점에서 만수 김정준 박사가 갈파한 바와 같이 장공 김재준은 '보수적 진보주의자'라고 말해도 좋다.

먼저 잘 영근 알곡이어야 땅 속에 떨어질 때, 육십 배, 백 배의 새 알곡을 맺을 수 있다. 먼저 영글기도 전에 마음만 앞서서 땅 속에 떨어지면 썩어 없어져서 새로운 싹을 틔우지 못한다. 교회는 멀고 깊게 내다보고 인물을 양성하고, 세상을 인간다운 얼굴을 갖춘 세상으로 변혁시켜 갈 역군들을 양성하는 곳이다. 정치가, 법조인, 의사, 기업가, 교육가, 과학자 등등 예수의 심장과 마음으로 새로운 눈을 가진 사람들이 각계각층에 들어가야 조직과 사회를 어느 정도 변화시킬 수 있다.

그렇다면 자기완성을 이룬 후에 타인과 사회문제에 관여하라는 뜻인가? 그렇지 않다. 개인 형성과 사회 형성은 동시에 이뤄진다. 사회문제에 대해 진지하게 고민하지 않는 개인의 영성수련이란 자기 기만일 가능성이 크다. 개인적으로 영글어가는 진정한 성숙화 과정은 개인을 둘러 감싸고 있는 구체적인 타자他者와 사회문제에 깊이 참여함으로써 이뤄진다.

교회는 인간혁명의 도장道場이다. 그래서 사회문제에 책임 있게 참여하면서 사회문화적 가치관과 겨루고, 협동하고, 비판하는 입장을 취하기도 한다. 장공은 교회가 사회문제에 관여하는 문제는 결코 간단한 문제가 아니라고 본다. 심하게 말하면, 먹느냐 먹히느냐의 부단不斷한 투쟁 과정이라고 경고한다.

현대사회를 이끌어 가는 가치관과 세계관은 무엇인가? 국가 지상주의, 탐욕적인 자본주의, 무신론적無神論的 공산주의에 교회는 동의할 수 없다. 정치사회학적으로 '자유, 평등, 박애'를 기치로 내건 프랑스 혁명(1789)에 바탕을 둔 근대국가의 자유주의적 자본주는 타락하고 실패하였다. 다른 한편, '평등과 정의'를 기치로 들고 일어났던 러시아 공산주의혁명의 결과로 탄생한 소비에트 사회주의연방 또한 실패하여 막을 내렸다(1989).

이 두 가지 역사적인 사건이 일어난 1789년과 1989년 사이 이 200년 동안 인류는 어떤 경험을 했던가? 세계는 근대사회 체계를 갖추고서 호황을 누리다가 모순이 축적되어 결국 인간성이 붕괴하는 일종의 실험기였다. '자유'를 명분으로 내건 자본주의 사회와 '평등'을 명분으로 내건 공산주의적 사회주의 사회가 틀렸다는 것을 역사가 증명해 보인 것이다. 정의로운 평등이 없는 공허한 '자유'와 개인의 자유와 창의성을 무시한 동물적 '평등분배사회'는 모두 인간을 비인간화시킨다는 것이 분명해졌다.

그 200년 동안 1, 2차 세계대전, 중국과 러시아에서의 무력을 통한 사회주의 국가건설, 동서 냉전의 파생물인 한국전쟁과 베트남전쟁 같은 비싼 대가를 치른 뒤 인류는 과연 더 인간적인 제3의 정치사회체제를 선택하였는가? 1989년 소비에트 사회주의 연방체제의 붕괴 이후 지구촌을 석권한 소위 '신자유주의 체제'는 결코 인류가 바라는 꿈이 반영된 사회체제가 아니다. 인류의 꿈이 반영되기는커녕 신자유주의 체제는 도리어 자신의 이윤만 추구하는 경제적 동물로서의 이기적 인간의 급부상, 국제금융자본들의 무자비한 횡포, 빈익빈 부익부의 양극화 현상, 정치권력과 경제권력과 문화권력의 유착, 세계무기상들의 농간으로 끊이지 않는 전쟁과 테러, 노동시장 유연화라는 달콤한 말로 자행되는 냉혹한 실직과 같은 끔찍한 현실을 가져왔다. 규제 없는 신자유주의는 인간성을 파괴하는 냉혹한 21세기 리바이어던Leviathan인 것이다.

"인간은 모든 문제의 근원이자 이를 해결할 궁극적인 답이다"라는 말이 있다. 아무리 구조악이 난공불락일지라도 개개인의 선의지와 창조적 변혁 의지를 잠잠하게 만들 수는 없다. 미국의 작가 윌리엄 아서William Arthur(1921-1994)는 다음 같이 말했다. "평범한 교사는 잔소리를 하고, 좋은 교사는 설명을 하고, 우수한 교사는 모범을 보이고, 위대한 교사는 영감을 준다."

현대의 거대한 사회조직은 개인을 한없이 무력하게 느끼도록 하고 주눅 들게 하여 가능성을 위축시킨다. 개인은 아무것도 아니라고 믿게 하며, 생존하기 위해서는 기존 질서에 순응하고 적응하라고 강요한다. 그러나 교회는 '영감과 용기 있는 인간 양성'에 제1목적을 둔다. 진정한 한 사람의 인간혁명은 가정, 직장, 기업, 사회, 국가를 혁명하는 진원지가 된다.

제13강 / 교회론 3: 세상 변혁의 혁명기지

【장공의 글 읽기】

한국교회는 너무 타계적이었다. "세상에서 탈출하여 교회에 머물다가 죽는 날 천당에 간다" 하는 노정표가 작성되어 있기 때문에 세상일에 다시 관심을 가지려 하지 않는다. 그것은 신앙의 타락을 유발할 위험이 있다 하여 될 수 있는 대로 기피하려 하였다. '세상'이란 것은 인간들이 사는 모든 영역의 총칭이다. 그러니까 그것은 역사라고도 말할 수 있다…세상일이니까 교회가 관여할 바 아니라고 한다. 책임은 지지 않으면서 그 결과에는 동참한다. 염치없는 태도다. 한국교회는 역사에 책임져야 한다.

한국교회의 기독교화, 「전집」 제9권, 263-264쪽

교회는 집회가 잦고 집회 인원도 많습니다. 교회당도 크고 많습니다. 자주 모임으로 해서 공통된 형제의식도 짙어집니다. 그 상식도 세속인보다 비교적 높습니다. 지금의 교회가 불완전하다고 모임을 등한시하고 친교를 멸시하고 예배를 허례로 돌리는 것은 "애기 씻긴 물과 함께 애기까지 버리는 식"입니다. 그러나 현존 교회가 자기 고장에 안주하여 "여기가 좋사오니…" 하고 산 아래서 벌어지는 인간사회의 비극에 동참하지 않는다면 그것은 화석이 된 정신적 이기주의로 낙착될 것입니다.

전진하는 교회, 「전집」 제9권, 262쪽

교회는 교회 자체 안에 그 목적이 있는 것이 아닙니다. 우리에게
는 전 우주적인 속량사회 건설의 의무가 있습니다. 교회는 이것을
위한 전투 야영野螢입니다. 우리의 무대는 '세상'입니다.

소망의 이유, 「전집」 제4권, 403쪽

그리스도교는 인간 역사라는 소재素材(가루 서 말)에 하나님 나라
라는 속량역사(누룩)를 심어, 그 소재인 인간 역사 전체를 하나님과
그리스도의 나라로 변화 또는 감화 아래 있게 하는 '하나님-사람'의
운동이라고 해도 좋을 것이다.

대한 기독교장로회의 역사적 의의, 「전집」 제4권, 303쪽

그리스도인은 한국 역사를 그리스도 역사로 변질시켜 진정한 자
유와 정의와 화평으로 성격화한 사랑의 공동체를 건설해야 할 것이
다…우리가 역사에 대한 관심을 강조하는 것은 세속 역사를 하나님
나라 역사로 변질시키는 운동입니다. 그것은 역사 도피도, 역사 소
외도 아니고 바로 역사 주역으로 등장하는 방향입니다.

「귀국 직후」 208쪽

예수의 종교는 어떤 것인가? 그것은 우선 그 방향에 있어서 하늘
이 땅으로, 하나님이 인간이 되어 역사 가운데 오신 종교다…무엇
때문에 오셨는가? 그는 인간들을 찾기 위하여 오셨다. 그러나 그는

인간들을 찾아, 하늘에 끌어올려, 천사 같은 영물이 되게 하기 위함
이 아니라, 하늘이 땅의 몸이 되기 위함이었다. 하나님 아들이 인간
이 된 것은 인간들의 혼, 인간성이 하나님 아들딸로서의 바탕을 갖
게 하기 위함이었다.

「하나님의 의와 인간의 삶」(삼민사), 17쪽

【내용 새김】

현재 한국 사회 안에는 정확한 통계는 아니지만 크고 작은 예배공
동체(교회)가 50,000여 곳이 있다고 집계된다. 정부기관 중 경제기
획원 산하 부처들은 가급적 한국 경제의 긍정적인 면만 부각시키고
어둡고 비관적인 면을 보지 않으려 하거나 축소하려 든다. 그래서
대기업이나 중소기업의 성공 사례만 언론에 보도되고 신체의 모세
혈관에 해당하는 재래시장 상황이나 골목상권과 자영업의 처절한
상황은 언론에 잘 보도되지 않는다.

　한국 기독교 상황도 닮았다. 대형 교회 및 비교적 성공한(?) 중형
교회는 전체 50,000여 교회의 25퍼센트 정도에 불과하다. 실제 한
국교회의 약 50퍼센트 정도는 개별 교회의 신도 숫자가 50명 이내
이며 재정적으로 미자립 상태라고 한다. 사실은 기독교 신앙의 본질
에서 볼 때, 교회의 물리적인 양量의 크기는 중요하지 않다. 작은 가

정교회 형태라 얼마든지 진솔한 예배와 영성훈련이 가능하다.

장공이 문제 삼으려는 초점은 '교회의 자기 정체성' 자각의 문제이며, 교회가 세상 속에 존재하는 목적이 종교단체로서 교회 그 자체의 존속과 번영에 있는지, 아니면 다른 것에 있는지를 성찰하는 문제가 중요하다고 본다. 장공은 말한다. "교회는 교회 자체 안에 그 목적이 있는 것이 아닙니다. 우리에게는 전全 우주적 속량사회 건설의 의무가 있습니다. 교회는 이것을 위한 야영野營입니다." 야영이란 들판에 세운 임시 천막이라는 은유요, 전투장에서는 지휘본부가 있는 곳이란 의미요, 에베레스트 등정인에게는 '베이스캠프'라는 말이다.

설교 시간에 자주 소개되는 이런 이야기가 있다. 영국 국교회의 대표적인 성당 웨스트민스터 성당을 건축하던 때였다. 수많은 석공들이 아침부터 교회당이 들어설 광장에 모여 각각 맡은 작업에 열중이었다. 어떤 석공은 돌계단에 사용할 화강암을 다듬고, 어떤 석공은 설교단을 쌓아올릴 화강암을 다듬었다. 각자는 전체 설계도를 보지 않았거나 모르지만, 자기의 작업이 교회당 건축물의 한 부분에 쓰임 받는다는 자긍심을 가지고 일했다. 어느날 켄터베리 대주교가 작업 현장을 찾았다. 그는 구슬땀을 흘리며 일하는 석공들이 대견하고 고마웠다. 그는 여기저기에서 일하는 석공들에게 "지금 하는 작업이 무엇이며 왜 합니까?" 하고 물었다. 석공들의 대답은 두 종류로 나뉘었다. 한 석공은 대답하기를, "눈으로 보면 모르겠소? 감독이 하라는 일을 할 뿐이고, 저녁에 5실링 받으면 그만이요. 나에게 어려운 질문 같은 것은 하지 마시오." 했다. 다른 석공은 이마의 구슬땀을

씻으며 허리를 펴면서 웃는 낯으로 대답했다. "예, 지금 나는 대주교와 함께 성스러운 웨스터민스터 대사원을 건축하고 있지요. 내가 다듬는 이 돌이 대사원의 어느 한 구석에 귀중하게 쓰일 것입니다. 그 돌 한 개가 빠지면 대사원은 완공되지 않지요."

오늘날 전 지구촌을 지배하는 거대한 세속 물결의 흐름과 그 위력 앞에서, 이전 시대보다 교회들은 많이 위축되어 있다. 자신의 보존과 지탱과 지속적인 발전을 도모하기에도 힘에 겨워서 '현실 역사'를 변혁한다는 생각은 관념적 당위론이거나 분수 모르는 돈키호테식 호언장담이 아니겠냐고 스스로 의심하기도 한다. 그러나 장공의 생각은 다르다. 위에서 예로 든 석공 이야기에서, 첫 번째 대답은 좀 더 현실적이고 솔직한 대답일 수 있다. 그 석공의 고달픈 현실과 가장으로서의 무거운 책임을 충분히 이해한다. 그러나 그 스스로 자신을 비참한 무산자無産者, 육체노동자로 규정하고, 하루 5실링의 빵값을 벌기 위해 일하는 단순 노동자로 자신을 규정할 때, 그는 스스로 자기 자신의 존엄성, 노동의 신성한 보람, 미래를 내다보는 희망의 비전 등을 모두 잃고 마는 것이다.

교회도 마찬가지이다. 규모가 작은 교회이거나, 설혹 규모가 큰 대형 교회라고 할지라도 물리적 수량에 판단 기준이 붙잡히고, 교회당 크기와 집행예산 규모를 가지고 우쭐댄다면 교회는 초라한 종교사업 기관의 하나로 전락하고 마는 것이다. 기독교장로회 총회 교단장을 역임했고 현재 전북지역 농촌목회 현장에서 봉사하는 박원근 목사는 이렇게 말한 바 있다. "주일날 예배에 참석하는 교인

수가 평균 10,000명을 넘는 교회를 대형 교회라고 지칭한다면, 그런 대형 교회 숫자는 모든 기독교 교단을 통틀어도 100곳 미만입니다. 대형교회가 1980, 90년대 한국교회를 발전시킨 공로를 인정합니다. 그러나 오늘날 한국교회의 타락과 그 위상의 추락에 대한 일차적 책임 또한 대형 교회에 있다고 생각합니다.” 교단장으로서 총회장을 역임했고 한국 대형 교회 지도자들과 교단장 회의도 여러 차례 함께했을 박 목사의 말씀이 오랫동안 마음에 여운으로 남아 있다.

교회는 세상을 하나님의 나라로 변혁해가는 정신적-영적 ‘혁명기지’라는 참 그리스도인의 신념이 실효성을 갖기 위하여 반드시 물량적으로 거대한 조직, 예산, 전략, 인적 자원이 요청되는 것은 아니다. 예수님의 ‘하나님 나라’ 전략은 세상 정치가나 군사전략의 그것과 달랐던 것 같다. 소위 ‘음식 속의 적은 소금’이나 ‘밀가루 서 말 속의 작은 누룩’ 같은 비유가 예수님 당시 사회에서는 적용될는지 모르지만, 거대하고 복잡하게 얽혀 있는 현대사회에서는 낭만적인 발상이라고 지레 포기하는 그리스도인이 많다. 그래서 아예 교회도 세상 방식 대로 힘을 기르고 물량적 성장에 주력해서 힘에는 힘으로, 조직에는 조직으로 맞서는 것이 옳다고 생각하는 교회 지도자들이 많다.

과연 그럴까? 교회가 세상의 무한 경쟁 논리를 따라가고, 세속 가치에 영합하고, 중세기 지방 영주처럼 작은 종교왕국에서 자기도취에 빠져 왕 노릇 한다면, 세상은 그런 교회를 보고 존경하거나 경외

하거나 성스러움을 느끼거나 하지 못한다. 왜냐하면, 대형교회의 성
공과 조직과 운영 방식이 너무나 세속 세상의 것과 닮았기 때문이다.

　인도 캘커타의 20세기 성녀라 칭송받는 마더 테레사에게 어느 유
럽 신문기자가 인터뷰에서 물었다. "테레사 수녀님, 수녀님의 헌신
적인 봉사에 깊은 존경을 표합니다. 그러나 솔직하게 말해서 수녀님
의 이런 구제봉사 활동을 통해서 거대한 인도 사회의 비참한 현실이
바뀔까요? 좀더 구조적으로 정치사회적 복지정책 개발을 통해 인도
사회의 빈곤층이 달라지도록 일하시는 것이 더 효율적이 아닐는지
요?" 마더 테레사가 조용히 대답했다. "옳아요. 기자님의 말씀이 백
번 옳지요. 그러한 능력과 자질과 은사를 받은 많은 사람이 사회를
구조적으로 개선해가는 일에 나서기를 바랍니다. 그런데, 나는 쓰다
남은 작은 몽당연필, 하나님의 손에 붙잡힌 작은 몽당연필입니다.
나와 몇 사람 수녀들의 작은 봉사가 인도 사회를 변화시키지는 못해
요. 그러나 한 방울의 물방울일지라도 부족하면 그만큼 갠지스 강과
큰 바닷물도 한 방울 물이 부족한 강과 바다가 되겠지요."

　장공이 꿈꾸는 '세상 변혁의 혁명기지'로서 교회의 사명을 실행
하는 방법에는 집단적 구조적 방법도 있고, 조용히 그러나 확신을
가지고 혼자서 혹은 몇 사람의 신앙 동지와 함께하는 방법도 있다.
두 방식 모두 그 자체로 아름답고 위대한 하늘백성들의 비전이 살
아 있는 실천적 삶이다.

제14강

/

교회론 4 : 그리스도의 몸

　예수님은 산 인간 하나하나가 하나님의 영적 성전임을 투시하십니다. 그래서 하나님의 영광이 머무는 인간성전 건축에 일념하셨습니다…예수님이 부활 승천하신 다음에는 땅 위에서 예수님을 뵐 수가 없게 되었습니다. 그러나 성령, 즉 예수님의 영이 모든 신도들에게 강림하셔서 삼위일체로 계신 하나님을 각자의 인간 속에 모실 수 있게 하셨습니다. 그것이 이른바 '인간성전'입니다. 이런 개인들이 한몸으로 얽혀서 교회가 출생하였습니다. 그러므로 바울은 교회를 '그리스도의 몸'이라고 말했습니다.

「고토를 걷다」 193쪽

　예수님의 탄생에서 십자가까지의 생애와 교훈을 '역사적 예수'의 기록으로 봅니다. 우리의 지상 생활에서는 '역사적 예수'를 본받아야 하겠습니다. 그 '역사적 예수'가 "당신은 그리스도시고 살아 계신 하나님의 아들이시니이다"라고 한 베드로의 신앙고백에서 '신앙의 그리스도'로 발견됩니다. 이 신앙고백에서 그리스도교가 탄생한 것입니다. 교회는 이 신앙고백의 '반석' 위에 세워진, 역사 안에서의 '그리스도의 몸'입니다.

역사적 예수와 신앙의 그리스도, 「전집」 제4권, 165쪽

　예수님은 하나님의 말씀의 '몸'이었고, 교회는 말씀이 나라를 이

루어 가는 '몸'이다. '몸'은 현실의 보이는 실재다. 이상주의자들이 말하는 소위 '보편적 진리'가 아니다. 이것은 우리에게 주어진 유일한 천적天的인 객체다. 그러므로 사도 바울은 이것을 세우고 이것을 육성하기에 전심전력을 경주하였다…왜 그는 이렇게 완미完美하지 못한 현실 교회를 이렇게까지 소중히 여겼을까? 그것은 그래도 그것밖에는 하늘에서 내려온 영靈의 사회적 기관이 없기 때문이다. 그래도 복음 선포를 맡은 것이 이 교회이며 속량 역사의 본류가 여기 있기 때문이다.

현존교회의 위치, 「전집」 제3권, 343쪽

교회는 역사 안에서의 '그리스도의 몸'이라고 자부한다. 그렇다면 교회는 그 사고나 생활에서 그리스도 자신을 닮아야 할 것이다. 그리스도는 사랑으로 살았는데 교회는 형제끼리도 미워하고 다툰다. 그리스도는 죽기까지 봉사했는데 교회는 지배욕에 지배된다. 그리스도는 가난하고 소외된 인간들을 찾아 몸으로 직접 세속 속에 들어갔다. 그런데 교회는 부하고 유명하고 스스로 의롭다고 하는 인간들을 모셔 들이고, 가난하고 윤락한 '죄인,' 업주에게 지지리 시달리는 노무자 직공 등등은 감히 문턱에도 들어오지 못하게 됐다.

신학과 교회 개혁으로 새 인간상, 「전집」 제9권, 366쪽

그리스도는 교회의 머리요, 교회는 그리스도의 몸이고, 우리 신도들은 그 몸의 지체들이라고 했습니다. 그러므로 교회를 말할 때 우

선 그리스도를 말해야 합니다. 그리스도 없는 교회를 지켜봤자 그
것은 시체 지키는 것과 같아서 오래지 않아 장례식밖에 치를 것이
없게 됩니다. 우리는 그리스도를 먼저 봐야 합니다. 그런데 우리는
교회를 상위上位에 두고 그리스도를 다음에 두는 경우가 많습니다.
특히 시대 상황이 어려워지면 교회를 지키느라고 그리스도를 잃어
버리는 일이 생깁니다. 그리스도 있는 곳에 교회가 있다는 말은 항
상 기억해야 할 '좌우명'입니다.

교회의 정통과 교직자의 위치, 「전집」 제10권, 263쪽

【내용 새김】

20세기 신학과 교회운동에서 교회의 본질을 '그리스도의 몸'이라
고 재발견한 것은 교회사에서 커다란 사건이라고 본다. 그 발견
은 독일 제3제국 히틀러의 광신적, 정치군사적 횡포와 적그리스
도적 행위 앞에서 별다른 저항을 하지 못하고 수많은 생명 희생과
홀로코스트까지 경험하면서 깨닫게 된 새로운 눈뜸이었다. "교회
는 그리스도의 몸이다"라는 신학적 명제의 의미를 새롭게 발견하
고 강조한 신학자는 젊은 천재적 순교자 디트리히 본회퍼Dietrich
Bonhoeffer(1906-1945)였다.

　본회퍼 목사는 스스로에게 묻고 또 물었다. 왜 독일 교회, 서유

럽 교회는 히틀러의 적그리스도적 만행 앞에서 무력한가? 히틀러에게 저항하기엔 교회당 숫자가 적거나 교세가 너무 약해서인가? 당시 독일 국민은 90퍼센트 이상이 그리스도인이었다. 종교세를 거두어서 교회 운영과 재정 문제를 해결할 만큼 기독교 사회였다. 신학자와 신학 연구가 약해서인가? 독일의 유수한 대학교마다 신학부가 있었고, 저명한 신학자들이 모두 독일계 인물이었다. 그리스도인들이 도덕적으로 타락해서인가? 개개인은 그래도 선량한 삶을 살려고 한 신도들이었다. 그러면 도대체 무엇이 문제였던가?

본회퍼는 그 근본 이유 중 하나가 "교회란 무엇인가? 기독교란 무엇인가?"라는 본질적인 질문에 잘못된 대답을 갖고 있었기 때문이라고 판단했다. 당시의 교회는 '하나님, 그리스도, 구원을 가르치는 학교'이거나, 신성한 전통을 지키는 '신성 가족 집단'이거나, 기독교를 해외, 특히 무지한 제3세계 인민들에게 전파하는 '선교 집단'으로 자신의 정체성을 이해했다. "교회는 그리스도의 몸"이라는 말은 바울 사도의 편지에서 여러 번 읽었지만, 교회의 거룩함을 가리키는 은유적 표현쯤으로 가볍게 이해하였던 것이다. 더 정직하게 말하면 초월적이고 신령한, 부활승천하신 그리스도가 육체성, 물질성의 표현인 '몸'을 다시 갖추고 세상 속에 현존한다는 이론은 생각하기도 싫었던 것이다.

장공은 사도 바울과 20세기 본회퍼가 강조한 '그리스도 몸 교회론'을 생애 말년으로 가면 갈수록 더 강조하고 주목했다. 장공은 세상의 고난과 시련을 경험하면서 세상 한복판에서 신자들 생명의 몸 안에 임재하셔서서 새로운 역사를 펼쳐가시는 그리스도의 현존을 체험했다. 교회론의 교리적 이론이 아니라 실제 체험이었다. 그리고 생애 말년에 마침내 '그리스도의 몸' 교회론은 우주적 크기와 넓이와 깊이로 심화되어 장공의 '우주적 사랑의 공동체' 비전으로 승화된다.

먼저, '그리스도의 몸' 교회론을 바르게 이해하려면 '몸'이라는 은유와 그 실재성에 대하여 진지한 이해가 필요하다. '몸'은 한국 사람에게서 단순한 육체로서의 '신체' 개념과는 미묘한 차이가 있다. 전자는 순수한 우리말 표현이고 후자는 한자어라는 차이 정도가 아니다. '몸'은 본래 'ᄆᆞᆷ'이다. ᄆᆞᆷ의 아래 아(ㆍ) 모음은 아(ㅏ)와 오(ㅗ) 발음의 겹모음이다. 그래서 'ᄆᆞᆷ'은 맘과 몸이라는 두 가지 의미를 모두 가진다.

맘은 보이지 않는 몸이고, 몸은 보이는 맘이다. 몸은 맘이 삼투渗透된 육체(besouled body)이고, 맘은 몸이 안으로 체현體現된 영혼(embodied soul)이다. 정신과 영혼이 맑은 사람은 그 얼굴도 맑다. 정신과 영혼이 추악한 사람은 아무리 겉치장을 하더라도 그 사람 몸과 얼굴에서는 참사람의 향기가 풍기지 않는다.

몸의 특징은 무엇보다도 살아 있는 유기체로서의 특징을 지닌다. 사람 몸은 수많은 살아 있는 세포들이 모여 기관과 조직을 이루고, 또 그것들이 모여 하나의 몸을 이룬다. 각 세포 안에는 동일한 유전인자를 세포핵 안에 갖추고 있다. 유기체는 한 부분이 고통당하면 전체가 함께 고통을 느낀다. 사람 몸에는 피부근육계, 뼈조직계, 심혈관계, 호르몬계, 소화기계, 신경정신계 등 여러 조직기관이 있지만, 말초신경 정보와 운동신경 정보를 종합 판단하여 위기 대처 및 반응 행동을 지시한다. 도덕적 가치판단을 내리는 기관은 중추신경계이다. 그래서 몸 중에서도 '머리'를 중요시하고, 그리스도는 성도들의 영적 몸과 세포로 구성된 몸이지만, 그중에서도 "그리스도는 교회의 머리이다"라는 은유를 쓴다.

"교회는 세상 속에 형태를 지니고 현존하는 그리스도의 몸이다"라는 신앙고백은 아무리 거듭 생각해도 너무나 과격한 고백이어서 사실은 감당하기가 힘들다. 그래서 우리는 자꾸 그 명제를 상징적으로, 원론적으로, 그리하여 마침내 관념적으로 변질시키려는 시도를 감행한다. 그러나 장공은 '그리스도의 몸으로서 교회'는 단순한 상징이거나 은유가 아니라 실재여야 한다는 점을 누차 강조한다.

이 신앙 명제가 실재성을 지니려면 무엇보다도 교회를 이루는 그리스도인 한사람 한사람의 생명의 중심에 '예수 그리스도의 영적인 디엔에이DNA'를 갖추어야 한다. 장공은 "교회는 역사 안에서 그리스도의 몸이라고 자부한다. 그렇다면 교회는 그 생각이나 생활에서 그리스도 자신을 닮아야 할 것이다."라고 강조한다.

유기체로서의 몸의 특징은 고정되고 불변한 형태로 영원히 지속하는 것이 아니라, 끊임없는 신진대사, 피부 세포와 기관 세포의 교체, 맑고 깨끗한 영양소와 산소 공급, 주위 환경에 대한 능동적인 적응과 저항 등을 특징으로 한다. 교회가 '그리스도의 몸'이라고 해서 과거 모습 그대로 전통을 고집하고, 새로운 변화를 두려워하고 끊임없는 개혁을 게을리한다면 그것은 이미 죽은 몸이다.

장공이 '그리스도의 몸'으로서의 교회론을 강조하는 또 하나의 중요한 이유는, 모든 현존하는 교회는 존재하기 위하여 조직을 갖추고 성직 질서를 세워서 거룩한 하나님의 하늘기관으로서의 '교회'를 지켜나가는데, 시대가 어려운 상황에 들면 "교회를 지킨다"는 명분 아래 교회의 핵인 '예수 그리스도'를 잃어버리거나 2차적 요소로 간주하기 쉽다는 점을 경고하는 것이다. 그러나 그런 교회는 거세당한 '씨 없는 수박'과 같아서 먹기엔 좋겠지만 이미 생명 재생 능력이 없는 것이다.

그리스도가 있는 곳에 교회가 있는 것이지 그 반대는 아니라는 진실은 항상 기억해야 할 좌우명이라고 일깨워준다. 교회당은 있는데 그 안에 교회가 없거나, 교회는 있는데 그 속에 그리스도가 없는 것은, 알갱이가 촘촘히 들지 않고 겹겹의 껍질과 수염만 무성한 실속 없는 옥수수나 속이 빈 콩깍지를 추수하는 것과 같아서 두려운 생각이 든다.

제15강

/

하나님의 나라(神國)와 하늘나라(天國)

　기독교인의 최고 사상은 하나님의 나라가 인간사회에 여실如實
히 건설되는 그것이다. 그러나 이 '하나님의 나라'라는 것을 초세간
적超世間的·내세적來世的인 소위 천당天堂이라는 말로써 그 전부를
의미한 것인 줄 알아서는 안 된다. 하나님의 뜻이 인간의 전 생활에
군림하여 성령의 감화가 생활의 전 부문을 지배하는 때, 그에게는
하나님의 나라가 임한 것이며, 이것이 전 사회에 침투되며 사선死線
을 넘어 미래세계에까지 생생발전生生發展하여 우주적 대극大極의
대낙원의 날을 기다리는 것이 곧 하나님 나라의 전모全貌인 것이다.

기독교의 건국이념, 「전집」 제1권, 159쪽

　그리스도교는 위대한 종교다. 어느 한 가지만 가지고 있는 것이
아니다. '하나님이 육신을 이루어 인간이 되었다, 영원이 시간 속에
들어왔다' 하는 것은, 말하자면 도무지 서로 합할 수 없는 두 극단이
서로 통하여져 있음을 말하는 것으로서 그 자체가 벌써 기적이다.
이 두 극성極性이 서로 잇대어 긴장성을 가지고 움직이는 가운데에
서 하나님의 나라는 발전한다. 그리스도가 하나님이면서 사람이었
다는 데에서 그리스도교는 두 극성極性을 함께 행사하는 것이다.

그리스도교의 양극성, 「전집」 제2권, 207쪽

　그리스도교는 신적이면서 인간적이다. 영원이면서 시간적이다. 종

교적이면서 이론적이다. 수직적이면서 수평적이다. 타계적이면서 현세적이다. 예정적이면서 자유다. 믿음이면서 행위다. 개인적이면서 사회적이다. 보수적이면서 진보적이다. 그러므로 어느 한 편만을 주장하고 다른 편을 무시하거나 경시할 때 이른바 '일방적인 그리스도교'가 되어서 그 온전한 기능을 발휘하지 못할 뿐 아니라 오히려 맛을 잃은 소금과 같이 "밖에 버려져 사람에게 밟히고 마는 것이다."

그리스도교의 양극성, 「전집」 제2권, 208쪽

하나님의 나라는 혈과 육으로 상속할 것이 아니라 오직 사랑과 화평과 성령의 위로와 기쁨이라고 바울은 말했습니다. 이런 시점에서 본다면 하나님의 영의 세계는 이미 우리 '혼'에 상속돼 있는 것입니다. 그것은 죄와 사망의 권세를 이기고 영원히 생장生長하고 결실할 것입니다. 영생은 이미 우리의 실존재 안에서 우리의 샘터가 됐다는 말입니다. 그 샘터에서 선을 행할 능력이 솟아 생명강 같이 세계와 우주에 넘쳐흐른다는 것입니다. 이것이 개인으로는 개체 생명의 완성이고, 역사로는 역사의 그리스도화로 나타날 것입니다.

비전을 보는 사람, 「전집」 제4권, 517쪽

그리스도인은 역사에서 도피하지도 않고 역사에 몰입하지도 않는다. 그는 영으로 다시 난 인간으로서 역사 이상인 하늘나라에 속하면서 역사 안에 있어, 역사를 그 하늘나라 즉 구원사의 전형典型에 의하여 조성해가는 것이다…역사 안에 있으면 자동적인 진화에 의하여 결국은 저절로 구원에 이른다는 것도 아니요, 역사가 구원을 가능케 하는 본체인 것도 아니다. 역사는 오히려 개인보다는 도덕면에 있어서 뒤떨어져 있다고 니이버(R. Niebuhr)는 지적하였다. 그리스도인의 구원은 역사의 피안에 있다.

역사에 임한 그리스도, 「전집」 제4권, 527쪽

이리하여 역사 이상의 것이 역사 안에 들어와 역사를 심판하고 역사를 속량하고 종당에는 그것을 완성하는 '여호와의 날'이 없다면 역사의 흥망성쇠는 무의미한 반복이요 권태일밖에 없는 것이다. 그리스도는 '역사의 중심'이라고 틸리히(P. Tillich)는 말한다. 이런 수직적인 다른 차원이 역사 안에 들어오지 않는 한, 역사는 타락한 인간들이 죄악의 시궁창에서 몸부림치는 난무亂舞로 화한다. 될 것 같으면서도 안 되는 것이 '유토피아'이다. 이 불가능을 기도企圖하는 인간 역사 가운데 하나님은 고요히 그의 구속救贖의 역사를 만들어가고 계시다. 그리스도인은 이 '하나님의 나라'의 역군으로 소집된 사람들이다.

역사에 임한 그리스도, 「전집」 제4권, 528쪽

【내용 새김】

제15강의 주제는 장공신학에서 가장 중요하고도 심원한 문제인 셈이다. 신학 용어로 말한다면 현실역사와 하나님의 나라와의 관계를 어떻게 파악할 것인가의 문제이다. 신앙생활에서 흔히 하는 말로 표현하면 '하나님의 나라'와 '하늘나라'는 어떤 뉘앙스를 가지는가 하는 문제이다. 서로 같은 진실을 말하면서도 그 의미하는 점에서 어떻게 다른 것인가를 묻는 것에 관련된다.

장공은 해방 직후 아직 38선이 그어지기 전에, 그리고 남과 북에 정부가 수립되기 이전의 '해방공간'에서 서울경동교회의 '선린회'라는 청년 지성인들의 집회에서 '기독교의 건국이념'이라는 제목의 매우 중요한 신학 강연을 했다. 제15강 '장공의 글 읽기'에서 인용한 첫 번째 글이 그 중 일부이다. 장공은 여기서 당시 기독교계에 일반적으로 수용되고 있는 '하나님의 나라'에 대한 이해가 죽은 후에 들어가는 타계적 하늘나라로만 해석되는 편파성을 경고한다. 동시에 장공은 일부 진보적이고 자유주의적 그리스도인들이 받아들이고 있는 견해 곧 '하나님의 나라'를 현세상에서 인간이 이루어갈 이상적인 유토피아 세계라고 해석하는 견해에도 경종을 울리는 것이다.

우선 장공은 '하나님의 나라'는 모든 그리스도인의 최고 이상이요 관심 주제임을 갈파한다. 마가복음서에 의하면, 예수님이 공생애에 들어가실 때 처음 일성一聲이 "때가 찼고 하나님의 나라가 가까이 왔으니 회개하고 복음을 믿으라."(막1:15)였다. 마태, 마가, 루가, 요한복음서들은 '하나님의 나라'의 본질적 특성과 비밀과 그 오묘한 생명 현실을 설명하는 다양한 비유로 가득하다. 장공은 기독교의 근본 메시지가 '하나님의 나라'의 도래, 그 긴장, 그 위기, 그 위대한 초청, 그 기쁨과 희열을 말하고 있지만 '하나님의 나라'가 온전히 완성되고 실현되기 이전까지는 양극성兩極性의 긴장과 갈등을 피할 수 없다는 점을 강조한다.

'하나님의 나라'는 시간 속에 영원이, 물질 속에 영성이, 인간성 속에 신성이, 세속성 속에 거룩함이 침입해 들어와서 심판하고 구원하며, 새로운 차원으로 변혁 고양시켜가는 격렬한 '구원사 운동' 과정이라고 본다. 그것을 집약적으로 표현한 성경적 고백 가운데 "말씀이 육신을 이루어 우리 가운데 거하셨다."(요1:14)는 성육신 신앙고백이고, "하나님의 나라가 임하옵소서. 뜻이 하늘에서 이루어진 것 같이 땅에서도 이루어지이다."(마6:10)는 주기도문이다.

한국 개신교는 130여 년의 짧은 교회사와 선교의 역사를 가지고 있음에도 불구하고, 불행하게도 소위 '개인 영혼 구원'을 강조하는 보수적 교단과 '공동체 사회 구원'을 강조하는 진보적 교단으로 분열되어 불행한 갈등을 이어왔다. 보수교단의 복음 이해 특징은 개인 영혼 구원, 죽음 뒤에 천국(하늘나라)에 가는 것, 세상일에 관여하지 않거나 소극적으로 관여하는 것, 교회의 사회적 윤리 책임의 면책, 세상을 탐하면서도 세상을 적대시하는 풍조를 조장해 왔다. 진보적 개신교 교단의 특징은 개인 영혼 구원보다 사회의 구조악 극복을 통한 사회 구원, 역사 현실에 책임 있게 참여하는 것, 그리고 이 땅 위에 천국을 건설하는 일, 개인 영혼의 중생과 천국신앙에 대한 소홀을 지적받아 왔다.

이러한 한국 기독교의 이분화된 분열은 복음의 본질과 '하나님의 나라' 비전에 대한 잘못된 이해와 한쪽만 강조하는 편파성에 기인한다고 장공은 본다. 장공의 진정한 복음주의적 입장은 무엇인가? "그리스도인은 역사에서 도피하지도 않고, 역사에 몰입하지도 않는다…역사를 변혁해가면서 종말적으로 그것을 완성하는 일은 하나님의 주권에 달린 것"으로 보았다. 그리스도인의 구원은 현세적일 뿐만 아니라 내세적 사후생의 천국을 굳게 믿으며, 철저한 개인의 중생重生과 구원 체험을 중시함과 동시에 사회적 책임 윤리를 감당해야 한다고 강조했다.

20세기 순교자 디트리히 본회퍼는 이렇게 갈파했다. "그리스도인들이 진정으로 바르게 주님이 가르치신 '주기도문'을 드린다면, 하늘을 사랑하고 흠모하기 때문에 땅을 소홀하게 대하지도 않고, 땅에 성실하고 사랑하기 때문에 하늘을 소홀히 할 필요도 없다. 왜냐하면 그리스도 우리 주님은 '뜻이 하늘에서 이루어진 것 같이 땅에서도 이루어지이다'라고 기도하라고 가르치셨기 때문이다." 지극히 옳은 말이다. 본회퍼 목사의 입장과 장공의 입장은 그 점에서 완전히 일치한다.

장공이 강조하려는 점은 무엇인가? 그리스도인들이 세상 속에서 살아가면서 가져야 할 태도는 세상의 악에 물들지 않으려고 조심하는 소극적인 경건 생활에 그쳐서는 안 된다는 점이다. 이 역사를 사랑과 정의와 진실과 평화가 넘치는 '하나님의 나라'로 바꾸어 가도록 적극적인 변혁 의지를 가져야 한다는 점이다. "그리스도인이란 하나님 나라의 역군으로 소집된 사람들"이라는 것이다. 그와 동시에, 장공은 20세기 신학 거성들의 견해와 같은 생각을 갖고 있다. 현실 세계를 지배하는 현실 역사의 지배 세력은 결코 만만치 않으며, 인간악의 뿌리는 쉽게 극복되기 어려우며, 도리어 세상의 아들딸들의 지혜와 전술전략은 빛의 자녀들보다 더 영악하다는 것을 잊지 않아야 한다는 것이다. 한마디로 말하면 역사 비관주의나 역사 낙관주의는 모두 그리스도인들에게 금물이라는 것이다.

이러한 신앙고백과 신학적 신념을 가지고 장공 자신과 그의 제자들은 특히 1970년대, 80년대에 인간 존엄성, 민주주의 기본 원칙, 그리고 남북 화해와 평화를 외면하고 오직 자신들의 정치적 야욕을 달성하려는 군부독재 정부에 맞서 투쟁하였다. 그것은 단순한 정치 투쟁이거나 정치에 참여하는 성직자의 탈선이 아니라, 그리스도인으로서의 시대적 응답이요, 희생을 각오한 하나님 나라 역군으로서 분명한 정치적 태도 표명이다. 보수 교단의 지도자들은 장공의 그러한 태도를 '정교분리 원칙'을 위반한 기독교인의 탈선이라고 비판했으나 장공은 묵묵히 '제3의 길'을 걸어갔다. 도리어 보수 교단 지도자는 불의에 침묵하고 동조함으로써 군부독재 정치세력에 협조하고 그 대가로 '교회 성장'(?)을 가능케 하는 각종 협력을 권력 집단으로부터 받아 누렸다. 어느 쪽이 예수 그리스도 제자의 길인가?

인생을 살아가노라면, 개인으로서나 집단으로서나 그리스도인들은 예수님이 광야에서 겪었던 세 가지 시험에 직면하게 된다. '돌로 떡을 만들라'는 유혹은 하나님 말씀, 곧 정의와 진실을 희생하고 물질적 성공을 이뤄놓고 보자는 유혹이다. '사탄에게 절하면 천하만국의 영광을 주겠다'는 시험은 본질적으로 종교인들이 정치권력이나 악과 타협하거나 그들에게 무릎을 꿇고서 그 대가로 부귀영화를 얻는 달콤한 유혹이다. '성전에서 뛰어내리라'는 시험은 종교적 기사이적奇事異跡을 통하여 포퓰리즘과 기복신앙에 철저히 부응함으로써 십자가 희생의 도리를 저버리는 '넓고 쉬운 길'이다.

장공은 그 나름대로 세 가지 유혹과 시험을 이기고 하나님 나라의 역군으로서 평생을 살았고, 그 길이 비록 고난이 따를지라도 가장 영광스러운 길인 것을 후진들에게 삶과 생활로서 증언한 목자였다. 하늘나라(天國)는 하나님의 나라(神國)가 담보하는, 시공을 초월하는 신비한 영적 차원을 강조하는 표현이고, 하나님의 나라는 하늘나라가 사후세계(天堂)에 한정되지 않고 피조세계와 생명계 전체를 포괄하면서 "하나님의 주권, 사랑, 정의, 진리"가 관철되고 지배되는 생명세계임을 강조하려는 표현이다.

제16강

하나님의 나라와 땅의 나라의 상호변증법

【장공의 글 읽기】

역사의 목표는 '하나님 나라'이다. "하늘에 계신 우리 아버지, 당신의 이름이 거룩하게 불리우게 하옵소서. 하나님 당신의 나라가 땅 위에도 임하게 하옵소서. 당신의 뜻이 이 땅에서도 이루어지게 하옵소서." 이것은 역사의 완성인 하나님 나라의 임재와 성장과 종말을 기원하는 인간의 절규다. 하나님 형상으로서의 존엄한 인간의 믿음이며 소망이다.

역사의 원점을 찾아서, 「전집」 제18권, 101쪽

안정된 중산층으로 구성된, 이른바 대형 교회에서 노동자 문제나 실업 문제, 부정부패 일소 문제, 정치권력의 악용 문제 등등이 구체적으로 취급된다면 모두 질겁을 한다…그리고 그 대신 개인적, 주관적인 평화 경험이라는 영적인 도취陶醉를 권장한다…종교는 역사에 방향을 제시하고 그 방향을 추진하는 화살의 첨단이 되어야 한다. 인간에 대한 사랑이 곧 하나님에 대한 사랑이다. 구원은 인간을 전적으로 구원하는 것을 의미한다. 종교는 인간 생활의 전 부문에 책임 있게 참여하지 않을 수 없다.

한국교회의 당면 과제, 「전집」 제10권, 249쪽

역사에서 신비에로 도피한다거나 현실에서 관념에로 승화한다거나 세속에서 교회당에로 농성한다는 방향은 소극적 태도이지 창

조하는 적극적 태도와 투쟁의 태도가 아니다…종교가 역사 안에서
‘사건’으로서 파란을 일으키고 일상 시민생활에서 ‘가십’의 화제가
되지 못한다면 그것은 그 종교의 침체와 사멸을 의미하는 것이다.

창조하는 종교, 「전집」 제5권, 274쪽

리처드 니버Richard Niebuhr는 그의 주저 「그리스도와 문화」에
서 그리스도인이 그들의 그리스도 신앙을 그들의 문화적 공동사회
생활에 관련시킨 모습들을 유형적으로 분석하였다. 그에 의하면, 그
리스도와 문화가 서로 용납할 수 없는 반대의 입장에 있다는 견해
(Christ against culture)와 그리스도와 문화는 하나여서 그리스도교
는 문화의 최고 표현이라는 견해(Christ of culture)와의 두 극단을
소개하고, 그 중간에 세 가지 중간적인 견해를 집어넣었다. 그것들
은 그리스도와 문화를 이원적二元的으로 보고 그 둘이 서로 역설적
인 관계에서 긴장하면서 대화한다는 견해(Christ and culture)와 그
리스도가 문화 위에 있어서 하나의 교주적敎主的 위치에서 종합하
며 완성한다는 견해(Christ above culture), 그리고 그리스도가 문화
안에서 이를 변혁한다는 견해(Christ as transformer in culture) 등이
다. 그는 주로 이 ‘변혁’ 또는 회개의 입장을 취하고 있다

리처드 니버의 신학과 윤리, 「전집」 제7권, 41쪽

변혁은 대체가 아니다. 계시종교가 자연종교를 박멸하고 이에
대체하는 것이 아니라 자연종교에서의 ‘하나님-인간’ 관계가 계시

종교에 의하여 재평가됨과 동시에 '가치 변혁'을 일으킴으로 '변하여 새것이 되는 것'이다. 역사의 진행을 정지시키고 다른 역사를 시작하는 것이 아니다. 그 진행하는 역사 안에서 신앙으로서의 '내적인 역사'라는 것이 '외적인 역사'를 파멸하는 것이 아니라, 그 양적인 것이 질적인 것으로 혹은 '시간 안에서의 역사'가 '역사 안에서의 시간'으로 의미를 갖게 하는 가치에 변혁을 일으키는 것이다. 문화의 변혁이라는 것도 마찬가지다. 그것은 어떤 하나의 유한한 기구나 사상을 파멸시키고 다시 다른 그런 따위의 것으로 대체하는 것이 아니라, 그 있는 문화를 새로운 차원에서 재평가하고 안으로부터 갱신하는 것이다.

리처드 니버의 신학과 윤리, 「전집」 제7권, 42쪽

【내용 새김】

장공의 그리스도인으로서의 삶의 과정에서 초지일관하는 화두는 '하나님의 나라'였다고 해도 과언이 아니다. '하나님의 나라'는 그의 전체 신학을 관통하는 주제어요 궁극적으로 지향하는 목적이며 총괄적 표현이었다. 이 '하나님의 나라'라는 표현이 장공의 생애 말년에 '범우주적 사랑의 공동체'라는 새로운 표현의 옷을 입고 나타났다. 전자의 표현이 좀 더 신학적이고 학술적인 표현이라면 후자는 좀 더 생활 속의 영성목회적 표현일 뿐이다.

장공은 단도직입적으로 말하기를 "역사의 목표는 하나님의 나라이다"라고 한다. 물론 이 확신과 고백은 그리스도인의 확신이자 고백이다. 세상의 역사학자들이나 일반인들이 그리스도인의 고백에 찬성하거나 당연하게 받아들이지는 않는다. 역사에 목표란 없다고 생각하는 허무주의자도 있고, 역사란 순환하거나 흥망성쇠를 거듭한다고 생각하기도 하고, 마르크스의 역사적 유물론자들처럼 경제조건에 따라 변증법적으로 발전한다고 생각하는 사람도 있다.

장공에 의하면 '하나님의 나라' 실현은 예수 그리스도의 궁극적인 비전이자 주기도문의 심장이라고 본다. "하나님의 나라가 임하옵소서!"라고 기도하는 주기도문은 단순한 청원기도가 아니라 역사의 완성을 갈망하는 인간의 절규이며 존엄한 인간의 믿음이자 소망이라고 말한다. 그만큼 '하나님의 나라'의 임재, 실현 과정, 궁극적인 완성은 개인들과 관련 없는 거대한 신학적 담론이 아니라, 개인들의 짧고 연약한 삶이 허무한 종국으로 사라질 것인가 아니면 영원의 열매로 의미를 가질 것인가 하는 양단간의 중요한 신앙 문제인 것이다.

흔히 안정되고 평안한 교회는 신앙인들로 하여금 안심입명을 최종 목표로 삼아, 신앙생활에서 개인의 내면적 평화와 안정에 강조점을 둔다. 그러나 장공은 종교, 특히 기독교는 역사에 방향을 제시하고 역사 방향을 추진하는 "화살의 첨단"이 되어야 한다고 말한다. 특히 장공은 기독교장로회가 역사의 위기 시대에 고난당하면서 역사에 깊이 참여하고 발언할 때, "기장교단은 역사 방향의 화살촉이 되어야 한다!"고 강조했다. 화살촉은 공기의 저항을 받으며 공기를 가르면서 날아가야 하고, 화살 몸통의 방향을 선도하며, 마침내 목표물에 도달할 때면 자기를 목표물에 부딪치는 고통을 감내하는 소명을 갖는다.

그런데 문제는 간단한 일이 아니다. '하나님의 나라'를 역사 속에 구현시키려는 노력을 할 때, 이 역사 현실은 무주공산無主空山이거나 말랑말랑한 솜사탕 같은 현실세계가 아니다. 완고한 인간의 정치-경제-문화 권력이 카르텔을 형성하여 지배권을 강화하고 있는 곳이며, 인간 탐욕과 원죄성이 소의 심줄보다 더 세게 자신의 아성을 견고하게 하는 곳이다. 더 나아가 죄 없는 진리의 화신체 예수 그리스도를 십자가에 못 박은 세력이 지배하는 곳이다. 그리하여 장공은 미국 예일대학교의 저명한 기독교 윤리학자 리처드 니버Richard Niebuhr가 그의 명저 「그리스도와 문화」 속에서 전개한, 기독교와 세속역사와의 관계 유형 다섯 가지를 소개하고 그 중에서 '역사를 변혁해가는 그리스도' 유형을 가장 적합한 입장으로 제시한다.

리처드 니버 교수가 2,000년 교회사를 회상하면서 분류한 교회와 현실 관계, 기독교와 역사 관계, 복음과 세상 관계 유형의 다섯 가지는 다음과 같다.

첫째 유형은 그리스도와 문화 사이의 관계, 즉 기독교와 세상 질서는 서로 용납할 수 없는 긴장대립 관계(Christ against Culture)이다. 초대교회의 박해 시기나 타락한 시대 속에서 기독교가 자기 순수성을 지키려는 입장이다.

둘째 유형은 중세처럼 교회가 힘과 권력과 부를 독점하면서 세상을 지배하고 세속의 힘 위에 군림하는 입장이다(Christ above Culture). 겉으로는 기독교 왕국이 실현된 듯 보이지만 실제로는 종교가 극심하게 타락하여 복음의 본질을 잃어버리게 된 모습이다.

셋째 유형은 기독교와 세상, 그리스도와 문화 사이엔 어거스틴이 말한바 '아벨과 카인'의 관계처럼 쌍둥이이지만 삶의 방법이 다르기 때문에 서로 긴장보완하면서 공존하는 입장이다(Christ and Culture). 마틴 루터가 중세 기독교의 타락상을 보고 교황권과 황제권을 분리한 두 왕국론이 그것이다.

넷째 유형은 기독교와 문화, 복음과 세상이 동질적 입장이 되어, 기독교와 복음은 문화와 세상의 지도 원리, 세계 이념이 된다(Christ of Culture). 19세기 유럽에서는 부르주아 기독교문명이 하나님의 나라를 대행한다고 생각하는 경향이 있었고, 20세기에는 자본주의와 기독교가 완전히 야합하여 기독교의 본질을 상실하게 되는 위험에 처하게 된다.

마지막으로 다섯째 유형은 그리스도, 복음, 교회는 세상과 문화와 사회 속에서 그것들을 가치론적으로 변혁해 간다는 입장이다(Christ as transformer in Culture). 밀가루 반죽 속의 누룩처럼, 음식물 속의 소금처럼 세상에 들어가 변혁시키거나 영향을 주되 자신의 본질적 특징을 잃지 않는 것이 이 다섯째 유형의 요체이다.

변혁시킨다는 것은 대상을 아예 부정하여 파멸시킨다든지 완전히 뿌리째 뽑아내고 기독교 문화로 대체한다는 뜻이 아니다. 그렇게 잘못 이해하면, 선교 현장에서 갈등과 문화 전쟁이 일어난다. '가치 변혁'을 일으키되 세상을 사랑하고 속량하여 구원해가는 입장이다. 여기에는 사랑의 헌신, 자기희생이 필요한 것이다.

오늘날의 세계 현실을 진지하게 고찰할 때, 기독교가 이 세상 속에서 취하는 다섯째 유형이 얼마나 어려운 일인지 알아야 한다. 왜냐하면 복음과 기독교가 이 세상의 현실 곧 역사를 '가치변혁'시키기는커녕 완전히 정복당하여 세상 풍조에 끌려다니는 현상을 빚고 있기 때문이다. 리처드 니버와 장공이 제시한, 복음과 세상 현실의 관계성, 곧 '문화 역사 변혁자로서의 그리스도(교회)' 입장이 신학적으로 공허한 관념론이 되지 않기 위하여 어떻게 해야 할 것인지 진지하게 고민해야 하는 시대 상황에 현대 교회는 처해 있는 것이다.

한국 개신교 교계에서 지난 30년 동안 소위 '성시화聖市化'운동을 서울이나 지방의 행정가가 제창한 적이 있다. 본래 의도는 지방행정 책임자가 그리스도인이기 때문에 자신이 행정권을 행사하는 특정도시를 '기독교 왕국'처럼 복음화하겠다는 신앙 표현이었을 것이다.

그러나, 성시화 표현은 매우 졸속적이고 위험한 접근방법이다. 한국 사회는 중세 사회처럼 기독교 지배의 단일 종교 사회가 아니고 다종교 사회이며, 아무 종교도 갖지 않은 인구가 전체 인구의 50퍼센트를 차지하고 있기 때문이다. 한국 기독교의 대형 교회들은 중형 교회나 소형 교회와 차별화하여 대기업 형태를 모방하다시피 하여 '자본주의적 무한 경쟁 원리'를 무비판적으로 수용한다고 비판을 받는다. 이러한 사례들은 다섯째 유형에 비춰보면 잘못된 선교 정책임에 틀림없다. 사도시대 이후로 고백해온 "교회는 하나요, 거룩하고, 사도적이고, 보편적이다"라는 기본가치를 파괴하기 때문이다.

제17강 / 교회, 국가 그리고 정치

【장공의 글 읽기】

　　예수의 정치는 우리로서는 상상조차 하지 못할 정도로 장기적이고 종합적이며 본질적인 경륜과 배포에서 추진된다. 그는 종말의 한 점에서 완성될 나라를 구상하고 거기 맞는 정치를 진행시킨 것이다…예수는 이 역사 속에 하나님의 나라와 그의 의義의 뿌리를 심어 넓게, 깊게 뻗게 하는 정치를 계속한다.

개혁교회의 개혁, 「전집」 제9권, 305쪽

　　그러므로 그리스도인의 생활은 그 본질에 있어서 현실 정치와 분리되거나 현실 정치에 무관심할 수가 없다. 조직 교회가 그 조직체로서 정권 쟁탈 운동 같은 데에 나서서 교회 자체가 하나의 정당政黨 행위를 할 수는 없다. 교회의 기능에 있어서는 "가이사의 것은 가이사의 것이요, 하나님의 것은 하나님의 것이다." 그러나 사회 속에 들어가 삶을 영위하는 일반 신도들은 그리스도인의 신념에 따라 직접 정치에 관여해야 한다. 그것은 신앙을 사는 '생활종교인'으로서의 당연한 의무이기 때문이다.

개혁교회의 개혁, 「전집」 제9권, 306쪽

　　우리는 하나님, 교회, 세계의 삼각관계에서 봉사하고 있다. 우리의 관심이 하나님에게만 집중되면, 세계를 소격疏隔하고 신비와 타계적인 데에 황홀몰입恍惚沒入하는 것을 최고로 여기게 될 것이다.

우리가 교회 봉사에만 관심을 집중시키면 교회 범위 확대에만 몰두
하여 소위 교회주의에 의한 종교제국 건설에 열중하게 될 것이다.
우리가 세계에만 관심을 집중하면 세속주의화하여 우리로서의 차
원을 상실하게 될 것이다. 그러므로 이 삼각관계를 제대로 조정한
다는 것은 근본적으로 필요한 것이다.

교회와 세계, 「전집」 제7권, 407쪽

교회는 민주주의 육성에 이바지해야 한다…민주주의가 어느 나
라에서나 똑같이 천편일률적일 수는 없으나 그것이 민주주의인 한,
정부의 조직과 운영에 국민의 의사가 법적으로 반영되어야 할 것이
며, 정부의 행적에 대한 국민으로서의 견제력이 법적으로 실행되어
야 할 것이다. 국가가 아무리 전적인 권력구조라 할지라도 그것이
자기를 절대화하여 전 국민의 절대 충성을 강요할 권위는 갖고 있
지는 않다는 것을 그리스도인은 명백히 선언해야 한다.

교회와 세계, 「전집」 제7권, 411쪽

우리는 지금 우리나라의 수난 동지들을 기억합니다. 그 '심볼
symbol'이 광주 학생과 일부 시민 몰살 사건입니다. 그들은 의義를
사모하여 의를 말하려 했습니다. 그러나 말을 못하게 하니 글로 증
거하려 했습니다. 글로 못하게 하니 '몸'으로 말하고자 하여 거리를
걸었습니다. 그들은 의義 사모하기를 주리고 목마름 같이 한 사람들
이었습니다. 의인의 절규였습니다…우리는 새 역사를 창조하는 거

점으로 광주 수난의 '의義'를 선양해야 합니다. 전봉준 장군의 농민
운동, 일제강점기 때의 광주학생 혁명 궐기, 그리고 이번의 광주의
거사건 등은 더 크고, 더 새로운 한국 역사의 창조와 발전에 생명력
이 됩니다. [1982년 5월 23일 토론토, 광주사변 1주년 기념식에서]

수난의 의거인, 「전집」 제15권, 470쪽

【내용 새김】

제17강에서 장공은 국가와 정치와 교회의 현실적 관계를 문제 삼는
다. 그 모든 현실적 문제를 상론하기 전에 우리는 다시 한 번 왜 그
리스도인들이 역사 현실에 관심을 가져야 하는지 고찰해야 한다.
현실 문제의 핵심은 정치 문제요, 국가권력의 문제와 관련을 갖게
되는데, 굳이 신앙인이 정치와 국가 문제에 진지하게 관심을 가져
야 하는가 묻게 된다.

솔직하게 말하면, 필자에게도 풀리지 않는 문제가 항상 있어 왔
다. 장공의 역사참여 신학을 이해하고, 하나님의 나라를 대망하면서
주기도문을 진지하게 드리는 그리스도인은 현실 문제 곧 땅의 문제
를 외면할 수 없다는 것을 인정했다. 그럼에도 불구하고, 나이 여든
이 넘어가면 일반적으로 정치 문제 같은 현실 문제에서 한 걸음 뒤
로 물러나서 그보다는 정신적이고 영적인 멘토로서 지도자 역할을

하는 것이 상례인데, 필자가 아는 장공은 정치적이 아니면서도 왜 말년 임종할 때까지 정치현실 문제를 놓지 못하였을까? 단지 시대 상황 때문이었을까? 그것이 항상 풀리지 않는 수수께끼였다.

그러다가, 이 책을 준비하면서 그 오래된 물음의 답을 발견했다. 그 답은 이 17강 맨 처음에 인용한 글에서 발견했다. 굳이 신학적 표현으로 말하자면 '하나님의 정치' 곧 하나님의 세계 경륜과 다스리심을 따라 "예수의 정치는 우리로서는 상상조차 못할 정도로 장기적이고 종합적이며 본질적인 경륜과 배포에서 추진된다"는 말씀에서 해답이 주어졌다.

교리적 그리스도론에 사로잡혀 있는 신학자들은 깜짝 놀랄 일이지만, 장공은 예수께서 우리가 상상조차 하지 못할 진정한 정치를 경륜하신다는 확신이다. 예수의 정치는 장기적이고 종합적이며, 본질적으로 그 정치의 경륜과 배포가 전우주와 세계를 품에 안은 진정한 정치를 하시는 분이라고 본 것이다. 신앙적 표현으로는 세계를 구원하시는 그리스도요, 속량의 그리스도이지만, 잘못하면 구원사와 속량의 범위를 교회당과 종교 안에 국한시키는 과오를 범하기 쉽기 때문이기도 하고, 예수 그리스도의 구원을 개인의 영혼 구원에 국한시키는 좁은 이해에서 벗어나게 하려는 것이다.

예수의 정치는 무엇을 목적으로 하는가? 장공은 말한다. "예수는 이 역사 속에 하나님의 나라와 그의 의義의 뿌리를 심어 넓게, 깊게 뻗게 하려는 정치를 계속한다." 하나님의 나라와 하나님의 의를 땅 위에, 세계 현실 속에 구현시키는 활동이 정치의 본디 목적이라는 것이다. 공자도 말하기를 "정치는 바르게 함이다(政, 正也!)"라고 했다. 예수 그리스도는 바르게 함이란 구체적으로 하나님의 의義를 먼저 구하고 그것을 기준으로 삼고서 '생명, 정의, 평화'가 강물처럼, 햇빛처럼 온 누리에 충만한 생명세계를 구현하는 것이 정치의 본래 존재 이유라는 말이다.

현실 정치 세계는 권력투쟁, 정치 음모, 정경유착, 독재와 강제, 정당의 이념 실현 등과 뗄 수 없는 관계 속에서 진행되기 때문에, 그리스도인들과 종교인들은 '정치 기피' 혹은 '정치 무관심'을 고상한 신앙인의 태도라고 생각하기 쉽다. 장공은 교회가 기독교 정당을 조직하여 정치현실에 경쟁적 정당의 하나로 뛰어드는 것은 반대한다. 왜냐하면 '하나님의 정치, 예수님의 정치'를 모두 담아내고 실현시킬 책임 있는 정치 정당을 조직할 수 없기 때문이다. 그러나 개인으로는 그리스도인이 정치인으로 참여하는 책임 있는 활동은 적극적으로 권장할 일이다. 유럽에는 기독교사회민주당 같은 정당 단체가 있지만, 교회가 주체적으로 조직한 정당은 아니다.

그리스도인들이 이 세상에서 살아갈 때에, 우리는 하나님과 교회와 세계 현실이라는 삼각관계를 떠나서 살지 않는다. 신자들의 관심이 하나님에게로만 집중하면 신비한 황홀경 속에 몰입하여 현실을 망각하게 된다. 교회 생활에만 몰입하여 충성하면 교회주의자가 되고 교회의 부흥이 곧바로 세계 구원이라고 착각하는 종교제국 건설자가 된다. 신자가 세계 현실에 충실하려고 세상일에만 몰입하면 세속화되고 하늘을 향한 열린 창문을 닫아버리게 된다. 장공은 말하기를, 현명하고 성숙한 그리스도인이라면 하나님, 교회, 세상이라는 삼각관계에서 서로를 구별하면서도 하나로 통전시키는 지혜와 용기 곧 '세상 한 복판에서의 초월'을 지속하면서 살아가야 한다고 본다.

그리스도인이 현실 속에서 책임 있는 정치생활을 하려 할 때, 직접 부딪치는 현실 문제는 국가의 권위와 권력을 어떻게 볼 것인가의 문제로 귀착된다. 근세국가의 출현은 상업 도시가 발전하면서 시민의 생명과 재산권을 보호하려는 '경찰 기능으로서 국가' 임무가 중요했다. 미국의 서부개척사를 다룬 영화에서 마을 사람들이 마을의 질서, 안전, 평화를 지키기 위하여 보안관을 세우는 것을 볼 수 있다. 미국 서부개척시대의 보안관이 마을공동체가 월급 주고 채용한 보안관이듯이, 국가 권력자는 국민이 세운 제도적 보안관이라는 생각이다.

그러나 근대국가가 발달하면서 국가권력과 그 힘은 국민의 통제를 벗어나서 막강하게 되었고, 국가가 권력구조를 절대화하여 오히려 주인인 국민에게 충성을 강요하고, 전쟁터에 나가게 하며, 세금을 멋대로 걷어 낭비하며, 국가 간 국경선을 만들어 지구시민의 자유로운 여행을 통제하고 간섭한다. 이러한 국가주의國家主義가 절정에 도달했던 시기가 19세기였고 그 폐단은 20세기를 거쳐 21세기에도 여전하다. 장공은 국가의 제한된 기능과 필요성은 인정하되 국가주의는 그리스도인으로서 용납할 수 없다고 분명하게 말한다. 가족을 사랑하지만 가족주의는 반대해야 하며, 그리스도인은 애국자가 되어야 하지만 국가주의자가 되어서는 안 된다.

　국가 권력의 이러한 마성적 타락과 위험을 방지하기 위하여 인류가 오랜 세월 실험하고 검증한 정치제도가 바로 민주주의 정치제도이다. 링컨의 게티스버그 명연설에서 민주주의의 본질은 "국민을 위한, 국민에 의한, 국민의 정치"임이 천명되었다. 라인홀드 니버의 명언에 의하면 "정의를 위한 인간의 능력이 민주주의를 가능케 하고, 불의에 기울어지는 인간의 경향성이 민주주의를 필요로 한다(Man's capacity for justice makes democracy possible but man's inclination to injustice makes democracy neccessary)."

　교회와 그리스도인은 민주주의를 훼손시키는 독재권력과 국가권력에 대항하여 투쟁해야 한다. 왜냐하면, 민주주의 정치제도가 절대적 선善이어서가 아니라, 민주주의가 말살될 때, 인간의 존엄성이 파괴되며 절대화한 국가권력은 안보, 국가 발전, 질서 유지 따위의 명분을 내걸면서 실제적으로 '절대자' 노릇을 하려 하기 때문이다. 절대권력은 부패하고 마성화하고 우상화된다. 국가주의 절대권력을 방치하는 교회는 "우상을 섬기지 말라!"는 십계명을 어기는 태도인 것이다.

제18강 / 하나님의 나라와 범우주적 사랑의 공동체

　　나는 내가 말하는 줄거리, 또는 논하는 논조의 마무리로서 거의 예외가 없을 정도로 범우주적 사랑의 공동체를 들었습니다마는, 자세한 풀이를 한 일은 없었습니다. 풀이가 없어도 말 자체가 상식적으로 풀이를 내포하고 있기 때문입니다…그리스도의 사랑은 위로부터 오는 성령의 생명이 신자의 심장 속에서 치솟는 생명샘입니다. 샘터가 자기 가슴 속에 있으니 다시는 목마르지 않습니다. 그것은 도덕적이니 거기에 죄악이 없습니다. 공의가 바다에 물 덮이듯 합니다.

우주적 사랑의 공동체, 「전집」 제18권, 528, 530쪽

　　기독교에서 말하는 사랑은 에로스, 아가페, 필로스를 모두 갖춘 사랑입니다…이런 사랑의 범위를 넓혀서 개인, 가정, 사회, 국가, 그리고 국제적으로 확충시키려는 것이 사랑의 공동체 운동입니다. 사람은 그 사람의 사랑하는 범위만큼밖에 위대하지 못하다는 것입니다. 세계 인류를 진심으로 사랑하면 세계적인 인물이 됩니다. 내 나라에 몸 바치면 그 나라의 위인이 됩니다. 요컨대 내 사랑의 범위가 내 왕국의 영역입니다…사랑의 범위를 전 우주로 넓힐 때에 우리의 공동체는 우주적으로 넓어집니다. 그것이 땅 위에 임하는 하나님 나라의 모습입니다.

우주적 사랑의 공동체, 「전집」 제18권, 530-531쪽

교회는 전 우주적 사랑의 공동체입니다. 그리스도의 천국운동이
란 것은 사후의 천당만을 위한 것이 아닙니다. 천국이 땅 위에 임하
고, 하나님의 뜻이 땅 위에서 이루어지고, 하나님의 이름이 땅 위에
서 영광 받게 되기를 원하는 것입니다. 그리하면 죽음과 삶 모두가
하나님 품 안에 있는 것이고 하나님 생명이 맥박 치는 것이므로 그
것 자체가 천국입니다.

교회는 선교를 위해 있다, 「귀국직후」196쪽

우리가 세계적 사랑의 공동체, 더 나아가서는 범우주적 사랑의
공동체를 구현하기 위해서 우리의 모든 것을 바친다면 결코 부끄러
움을 당하지 않을 것이며 그 공동체 안에서 함께 영생할 것입니다.
다만 그것이 일조일석에 될 것이 아니므로 장기전을 피할 수 없을
것입니다. 중도에서 탈락하면 상賞보다는 경멸이 주어질 것입니다.
"내가 누구다!" 하는 사람은 위험합니다. 그는 그 생각 때문에 "아무
것도 아니다!"가 되기 때문입니다. 다만 "하나님의 영광을 위하여!"
가 우리의 좌우명입니다.

우주적 사랑의 공동체, 「전집」제18권, 532쪽

【내용 새김】

장공의 신학과 신앙의 중심을 꿰뚫고 흘러오던 주제는 예수님이 가르쳐주신 '주기도문'의 중앙에 자리 잡은 '하나님의 나라' 실현이었다. 장공은 1980년대 이후에 들어서서 "범우주적 사랑의 공동체"라는 표현으로 자신의 모든 논조와 복음 증언을 총괄할 수 있다고 스스로 말했다. 장공은 왜 "하나님의 나라"라는 표현의 다른 표현으로서 혹은 더 구체적이고 포괄적인 "우주적 사랑의 공동체"라는 표현을 하게 되었는가? 그 의미, 특징, 지향성은 무엇인가?

첫째, 표현에 있어서 "범우주적 사랑의 공동체"라는 것과 "우주적 사랑의 공동체"라는 표현은 앞의 경우 넓고 모든 것을 포괄한다는 한문 형용사 범(凡 혹은 汎)을 첨부하여 강조할 뿐 다른 개념이 아니다.

둘째, 장공의 "범우주적 사랑의 공동체"라는 신학적 화두話頭, 혹은 키워드Key Word는 장공이 평생 기독교 신앙의 핵심이라고 여기고 강조해온 "하나님의 나라"에 대한 새로운 표현이다.

셋째, "하나님의 나라"라는 표현이 지니는 상징성은 글자 그대로 '하나님이 다스리시는 왕국'이라는 개념이 주조主調를 이루면서 하나님의 주권, 지구촌에서의 공의 실현, 나라가 함의하는 정치적 상징성이 강조된다. "우주적 사랑의 공동체"는 그리스도 안에 나타난 하나님의 사랑, 지구행성을 넘어선 우주의식, 공동체가 함의하는 유기적 평화공동체가 강조된다.

넷째, 신구약 성경이 증언하는 하나님의 신적 속성은 '긍휼이 풍성하신 분'과 '공의로우신 분'이다. 주主의 인자하심과 성실하심으로 표현하기도 한다. 현대적 용어로 표현하면 '사랑과 정의'이다. 이 둘은 분리할 수 없는 것이고 그 결과는 풍성한 생명이다. 장공신학에서 "하나님의 나라"는 공의와 사랑이 강조되고 "우주적 사랑의 공동체"에서는 사랑과 공의가 강조되고 있다.

다섯째, 성서적 평강(샬롬)의 실현을 위한 가장 기본적인 충족 요건으로서 흔히 '자유와 평등'을 강조하듯이, 장공은 우주적 사랑의 공동체 실현을 위한 가장 기본적인 충족 요건으로서 '사랑과 공의'를 강조한다. 특히 '사랑'을 우주적 공동체의 핵심 본질이라고 보는 것이다.

여섯째, "하나님의 나라"에서 '공의와 사랑'이라는 순서가 "우주적 사랑의 공동체"에서는 '사랑과 공의'로 그 순서가 바뀐 것은 가볍게 생각할 수 있지만, 개신교의 루터신학 전통에서 '율법과 복음' 순서를 강조하는 것과 대조하여 칼뱅신학 전통에서는 '복음과 율법' 순서를 강조하는 두 전통 사이에 차이가 있듯이, 의미 있는 차이로 보아야 한다. 다시 말해, 장공은 성서가 증언하는 대로 "하나님은 사랑이시다"(요한1서, 1:7)는 것이요, 우리가 사랑 안에 있을 때 하나님을 알고 그분 안에 있다(요한1서, 1:12-16)는 것이며 사랑은 영원하다(고전 13:13)는 것이다.

일곱째, 장공은 "우주적 사랑의 공동체"에서 말하는 '사랑'을 굳이 그동안 기독교가 강조하는 아가페적 사랑에 국한시키지 않는다. "기독교에서 말하는 사랑은 에로스, 아가페, 필로스를 모두 갖춘 사랑입니다"라고 선언한다. 에로스적 사랑은 남녀의 성적 사랑만이 아니라 더 가치 있는 것을 추구하려는 열정적인 사랑이다. 필로스는 철학(philosophy)이라는 어휘가 말하듯이 소피아(지식, 지혜)를 추구하는 사랑이다. 아가페는 조건 없이 부어주고 값없는 것을 값 있게 창조하는 신적인 사랑이다. 장공의 "범우주적 사랑의 공동체" 안에서는 이 모든 사랑이 오케스트라의 화음처럼 어우러져 조화롭게 울린다.

여덟째, 장공이 "우주적 사랑의 공동체"를 강조하게 된 배경에는 예수회 신부 테야르 샤르댕의 '우주적 그리스도론'과 현대 '생태학적 영성신학'의 운동이 반영되어 있다. 테야르 샤르댕은 우주 진화는 우주 생성(cosmogenesis)이라고 말하고 있다. 작은 녹색별 지구 행성만 가지고 말하더라도 지질권 형성(Geosphere), 생명권 형성(Biosphere), 정신권 형성(Noosphere), 그리스도영권 형성(Cosmic-Christ sphere)으로 하나님의 창조 사역은 진화한다고 주장했다. 다시 말하면 장공의 "우주적 사랑의 공동체" 안에는 물질, 생명, 정신, 영혼이 저마다 제자리에서 함께 참여하며, 죽음과 삶 모두가 하나님 품 안에 있는 것이고, 땅과 하늘에 하나님의 영광이 충만해지는 것이다.

아홉째, "우주적 사랑의 공동체"는 완료형이면서 동시에 진행형이다. 그 온전한 완성은 미래 하나님이 "다 이루었다. 나는 알파와 오메가이다."(계21:6)라고 선언하실 때 완성된다. 지금은 진행형이며 교회는 그 운동의 전진기지이며, 이 거룩한 하나님이 이뤄가시고 그리스도 예수가 사랑의 심장이 되셔서 형성해가는 "우주적 사랑의 공동체" 형성에 그리스도인은 부름 받고 있다.

열째, 장공은 마지막으로 말한다. 한 사람의 영성 성숙도 혹은 인격 성숙도는 그 사람의 '사랑의 범위'만큼 그에 상응하여 규정된다는 것이다. "우주적 사랑의 공동체"에 바친 선한 땀과 고난은 결코 헛되지 않고 심는 대로 열매를 거두게 된다는 것을 강조한다. 대체로 착하고 선한 그리스도인들 중에도 그 사랑의 범위가 혈연 가족, 같은 민족, 같은 종교, 같은 교회 사람에게 국한되고 그 경계를 넘어서지 못하는 사람들이 많다. 가장 바람직한 그리스도인 상像은 낮은 자를 섬기는 예수의 섬김의 도리를 아무런 보상을 바라지 않는 빈 마음으로 기쁘게 행하는 '그리스도인의 자유'를 살아가는 데서 찾는다. 마틴 루터의 명저 「그리스도인의 자유」의 핵심 명제는 다음과 같다.

그리스도인은 그 누구에게나 그 무엇에게나 매이지 않는 절대 자유인이다.
그리스도인은 그 누구에게나 사랑으로 매이는, 자발적으로 섬기는 종이다.

제19강

장공의 기이한 꿈 이야기

【장공의 글 읽기】

꿈 1: 동경 유학 여부로 고민하던 때

1925년 아니면 26년 무렵이었다. 하루는 꿈도 생시도 아닌 일종의 비전vision 상태에서 이상한 경험을 했다. 큰 호랑이가 내 뒤에서 앞발을 내 어깨에 걸고 나를 뒤로 잡아당기는 것이었다. 그러자 소리가 들려왔다. "아니다. 네가 떠나는 건 하나님의 뜻이다!" 그 순간 호랑이는 어디론가 물러가고 나는 '비전'에서 깨어났다. 그 순간부터 내 마음은 장맛비 개듯 맑았다. 더 우물쭈물할 것도 없었다. 하나님이 보내시는 대로 간다는 신념이 생겼다.

동경에로, 「전집」 제13권, 77쪽

꿈 2: 일제강점기 말기 도농에서 지낼 때

큰소리 치던 일본이 발악하며 몸부림치던 초기였다. 꿈에 나는 내가 산 1,500평 감자밭 가운데 호미를 놓고 서 있었다. 갑작스레 일본 천황 소화昭和와 독일의 히틀러가 내가 사는 고장에 오더니 나를 부둥켜안고 울었다. "우리와 우리나라는 이제 어쩌란 말이요!" 하며 통곡했다. 나는 그들을 껴안고 등을 두들기며 말했다. "일본도 독일도 그리 낙심하지 마시오…." 하며 그들을 격려해 보냈다. 소화는 나와 나이가 동갑이고 히틀러는 훨씬 아래다.

몽견선친, 「전집」 제15권, 142쪽

꿈 3: 육이오전쟁 일어나기 몇 달 전

나는 전농동 어느 언덕바지 높은 곳에 서 있었다. 서울 시내를 바라봤다. 갑작스레 밀려든 시뻘건 진흙탕물이 서울을 흙탕물 호수로 만들었다. 남산 꼭대기가 머리를 약간 내밀고 있을 뿐이었다. 그런데 얼마 서 있는 동안에 흙탕물은 빠져나가기 시작했다. 개천, 논두렁 할 것 없이 물이 흐를 수 있는 물고에서는 어디서나 흙탕물이 곤두박질하며 빠져나갔다. 길이 나타나고 논, 밭도 집도 물속에서 얼굴을 들고 나왔다. 나는 나타난 길을 걸어 서울에 들어갔다. 목이 말랐다. 간 데마다 흙탕물이 고여 '물'은 한량없이 많았다. 그러나 마실 물은 없었다. 더러운 '죽음'의 '시즙屍汁'이었다. 마실 수 있는 '물'은 역시 남산 약수터 바위틈에서 한 방울씩 졸졸 흘러내리는 맑고 단 약수였다. 이것이 '생명샘'이었다.

몽견선친, 「전집」 제15권, 142쪽

꿈 4: 육이오전쟁 직후

육이오전쟁이 끝난 직후, 교수 사택을 짓기 전에 나는 학교 구내에 헐리다 남은 오막살이 초가집에 먼저 와 있었다. 수십 년 전부터의 고질인 이질痢疾이 심해져서 배가 걸레 짜듯 뒤틀렸다. 난도질하는 것 같았다. 그 도수가 점점 잦아졌다.

하루는 역시 비전vision이었다고 생각되는데, 집 앞 행길 복판에 사람 키 절반만한 높이의 거지상여 같은 담가担架가 놓여 있고, 그 위에 내가 누워 있었다. 그런데 어떤 여인이 내 옆을 지나 골짜기

절로 갔다. 그의 낯은 아주 무표정하고, 시체같이 검푸르렀다. 그는 내 얼굴에 지극히 의례적인 키스를 하고서는 나를 떠나 제 갈 대로 갔다. 나는 "아, 저것이 죽음의 여신이구나!" 하고 직감했다. "죽음의 여신이 '작별 키스' 하고 갔으니 나는 그의 포로가 아니다. 그의 길동무도 아니다." 하고 혼자 생각했다. 그것도 잊지 못할 예표豫表로서의 꿈이었다.

몽견선친, 「전집」 제15권, 143쪽

꿈 5: 꿈에 선친을 뵙다

내가 자라난 창꼴집 앞 시냇물이 불어서 어지간한 강같이 됐는데, 저쪽 언덕에 선친先親께서 서 계셨다. 나는 큰 바위 밑이 물에 패여서 새파랗게 깊은 '물함정'같이 된 그 가장자리 얕은 여울을 돌멩이에서 돌멩이로 조심조심 건너뛰어 저쪽 언덕 선친이 계신 고장에까지 갔다. 선친의 안색은 그리 '해피happy'한 것 같지 않았다. 그는 말씀하셨다. "네가 보고 싶어서 왔다. 이제 너를 봤으니 나는 간다!" 그러고는 훨훨 옷자락을 날리면서 어디론가 가셨다. 급성간염으로 누워 있는 처지였기 때문에 이런 꿈이 내게는 예표적豫表的인 인상을 남겼다. 죽지는 않을 거란 예표라고 해두자.

몽견선친, 「전집」 제15권, 141쪽

【내용 새김】

장공의 기이한 꿈 이야기는 듣는 우리들에게 어떤 의미가 있는가? 단순히 흥미 있는 꿈 이야기, 그래서 한 번 듣고 잊어버리고 말 에피소드로 넘길 수도 있을 것이다. 그러나 굳이 장공이 개인의 꿈을 문자로 남겨둔 것은 그 꿈이 예사로운 것이 아니었고, 후학들의 신앙에도 도움이 되리라고 생각했기 때문일 것이다.

글로 남아 있는 다섯 가지 꿈 이야기를 하는 중에 어느 것은 꿈 같기도 하고 비전(환상) 같기도 했다는 것이다. 그리고 그 꿈은 어떤 의미를 전달하거나 예언적으로 알려주는 '예표豫表'라고 스스로 생각한 것이다.

우리는 장공의 꿈 이야기가 내포한 신앙적, 신학적 의미를 논하기 전에 간략하게나마 20세기 심층심리학계의 두 거인이요 개척자인 지그문트 프로이드Sigmund Freud(1856-1939)와 카를 구스타프 융Carl Gustav Jung(1875-1961)의 꿈 해석의 태도, 인간 무의식과 의식과의 관계성에 대한 관점 차이를 간략하게 살펴볼 필요가 있다. 학계에서는 프로이드 심층심리학을 정신분석학(Analytical Psychology)이라 부르고 융의 심층심리학을 분석심리학(Psychoanalysis)이라고 구별하여 부른다.

두 학자의 생몰연대가 보여주듯이, 그들은 거의 동시대에 살았으며 프로이드는 초기에 융을 후계자로 삼을 만큼 그에 대한 기대가 컸고, 융도 인간 무의식 영역이 존재함을 발견하고 그 정신적, 심리적 병리현상을 경험론적 과학방법을 통해 밝히려고 한 프로이드의 공헌을 높이 평가했다. 그런데, 두 사람은 인간의 의식에 대한 기능과 관계에서 무의식에 관하여 서로 다른 입장을 가지게 되었다. 따라서 꿈, 환상, 종교적 의미를 이해하는 태도에 있어서 결정적으로 차이를 나타내게 되었다.

프로이드는 인간을 지나치게 생물학적 관점, 기계론적 관점에서 보았고 무의식 세계를 의식에 의해서 억압된 에너지 덩어리로만 보았다. 꿈이란 억압된 의식이 꿈의 상태라고 부르는, 의식이 졸고 있는 상태에서, 평소 의식 상태에서 가졌던 욕구, 충동, 원한 감정을 위장하여 표출하고 충족시키는 방식이라고 보았다. 간단히 말하자면 프로이드는 참으로 위대한 정신과 의사였지만 무신론자요 생물학적 인간관에 굳게 서 있었기 때문에 종교적 환상이나 의미 있는 비전을 부정하였다. 그는 "종교란 인류 미래에는 극복되어야 할 신경증세적 환상(illusion)이다"라고 말했다. 프로이드 심층심리학에서 보면 장공의 다섯 가지 꿈 이야기는 장공이 의식 상태에서 억압되거나 희구하던 정신적 에너지가 꿈 속 드라마로 표출된 것에 불과하다.

카를 융은 인간의 무의식이 억압된 상태의 가스에너지 층이거나 위험한 충동의 도가니라고 보지 않았다. 그렇게 병리적 현상으로 나타나서 부정적 영향을 끼칠 수도 있지만, 창조적 샘이기도 하고 온갖 지혜와 종교의 원천이 된다고 보았다. 무의식은 인간의 의식에게 건강한 생명 상태를 회복하도록 촉구하고 정신적 삶이 나아갈 방향을 제시하는 지향성과 목적성을 예표하기도 한다고 보았다. 융에게 있어서는 프로이드와 달리 "종교는 환상이거나 신경증의 증상이 아니고 모든 사람들의 건강한 심성의 원천源泉에서 나오는 것이다." 칼 융을 평생 깊이 연구한 한국의 분석심리학자 이부영 교수는 다음같이 말한다:

"꿈은 감추는 것이 아니고 가리킨다"고 한 융의 말은 바로 꿈속에서 감추어야 할 것, 이를테면 프로이드가 말하는 억압된 성적 욕구나 과거의 상처보다도 우리의 의식에 대하여 무엇인가를 알려주며 가리켜주고자 하는 지향성志向性, 또는 지향적 의미가 있다는 뜻이다. 그러므로 이러한 지향적 의미를 이해하려면 꿈을 인과론적因果論的으로만 볼 것이 아니라 목적론적目的論的으로도 보아야 한다. 이것은 꿈에서뿐 아니라 모든 정신현상을 이해하는 데 필요한 태도이다.

이부영, 「분석심리학」, 181쪽

꿈의 해석에 관한 심층심리학자들의 견해 소개는 이쯤 해두고 우리는 장공의 꿈 이야기를 카를 융의 꿈 이론에 입각하여 조명하고자 한다. 여기에서 소개한 장공의 첫 번째 꿈은 장공이 유교적 가정과 사회 분위기에 얽매여 살다가 하나님의 소명으로 "고향 친척 아비 집을 떠나" 아브라함의 하란 탈출처럼 신앙의 길을 떠날 때 꾼 꿈이다. 온간 고민과 주저함이 많았을 것이다. 장공은 첫 번째 꿈을 꾼 직후 말하기를 "그 순간부터 내 마음은 장맛비 개듯 맑았다. 더 우물쭈물할 것도 없었다. 하나님이 보내시는 대로 간다는 신념이 생겼다”라고 회상한다.

장공의 두 번째 꿈 이야기는 꿈에 일본 천황 소화와 유럽에서 제3제국의 야망을 가지고 제2차 세계대전을 일으킨 히틀러가 감자밭에서 호미를 가지고 서 있는 장공에게 나타나 그들의 나라가 망하게 되었다고 장공을 부둥켜안고 우는 꿈이었다. 꿈에서 장공은 그들의 등을 두드리며 도리어 위로했다는 내용이다. 장공은 청년기, 평양 숭인중학교 교무 시절, 그리고 조선신학원 창립 시절 내내 말로 다할 수 없는 일본제국의 식민통치에 줄곧 시달려왔다. 철없는 한국 보수기독교 인사 중에는 선교사들이 평양신학교 폐교를 선언하고 신학교가 문 닫고 있을 때, 조선신학원을 설립하고 강의하는 것 자체가 친일 행위가 아니냐고 비난하고 비판하는 사람이 있다. 일경의 감시를 받으며, 굶주림을 청빈으로 이겨내며, 한국교회 지도자를 양성해야 한다는 일념으로 희생 봉사한 장공을 두고 ‘친일행각 운운’ 하는 것은 무서운 형제 살인죄를 범한 것과 다름없다. 장공의 두 번째 꿈은 막바지에 다다라 최후의 발악을 하고 있는 일본과 독일이 곧 패망한다는 것을 장공에게 알리는 예언적 꿈이었다고 해석된다.

장공의 세 번째 꿈은 매우 중요한 꿈이다. 꿈이 지닌 예언적 기능, 목적 지향적 기능이 나타나 있다. 이 꿈은 육이오전쟁이 발발하기 몇 달 전에 꾼 꿈이다. 서울이 흙탕물로 덮였다는 것, 흙탕물은 사라지고 시체가 썩은 ‘시즙屍汁’이 넘쳤다는 것, 그런데 마실 물은 남산 약수터에서 조금씩 흘러나오는 맑은 샘물뿐이었다는 것이 꿈의 주요 내용이다. 이 꿈은 예시적, 예언적 꿈의 전형이다. 육이오전쟁이 발발할 것이고, 동족상쟁하는 어리석음에 수많은 사상자가 넘쳐날 것임을 예시한다. 거짓 종교 부흥사들과 꽉 막힌 보수 신학자들이 '생명수'라고 선전하고 팔지만, 그것은 마실 수 없다. 맑은 물은 오직 남산 약수터 작은 바위틈에서 나오는 물이다. 남산 약수터는 장공이 자주 찾아 물 마시던 곳이었다. 그것은 남산에 자리잡은 조선신학교의 복음적 사명을 예시한다. 그것은 작고 바위틈에 숨겨 있으나 다음 시대 한국 기독교를 살릴 '생명샘'이라는 예표이다. 장공은 굳이 꿈 해석을 아니 했으나 맘속으로 하나님의 격려를 느끼고 동자동에서의 신학 교육의 사명을 더욱 다짐했을 것이다.

네 번째 꿈 이야기는 심한 병으로 고통당할 때 꾼 꿈이다. 가난과 외로움을 견디며 신학 교육의 사명을 다하던 장공은 심한 질병에 걸려 죽음의 위협도 느꼈을 것이다. 이와 비슷한 증언을 그보다 훗날 하게 되는데, 적십자병원에 입원했을 때 암 진단을 받고 수술을 기다리던 시기에 같은 성격의 꿈을 꾼다. 죽음의 사자가 병상까지 찾아왔으나, 아직 땅 위에서 할 일이 남아 있다는 하나님의 소명을 받았기에 죽음의 사자가 데려가지 못한다는 확신을 보이는 꿈이다. 장공은 평생 당신 자신의 건강에는 무심하리만큼 대범했다. 다만 하나님이 함께하신다는 신앙이 평생 그를 지켰다. 생애 말년 장공은 「범용기」에서 고백한다. "나의 나 된 것은 하나님의 은혜다. 그리스도께서 평생 나와 동행해주셨다."

　마지막 꿈은 장공의 아버지 함자가 김호병이었는데, 그분이 장공을 만나러 왔고 "네가 보고 싶어서 왔다. 이제 너를 봤으니 나는 간다!" 하시고 훨훨 옷자락을 날리면서 어디론가 사라지셨다는 꿈이다. 창꼴마을이 꿈의 배경이었지만 시냇물이 불어 강같이 된 상태란 '이곳과 저곳,' '시간과 영원'의 경계선을 상징한다고 보아야 하겠다. 꿈 내용은 두 가지를 암시한다. 첫째, 대체로 사람의 임종 시점에는 일가친척이나 지인이 죽게 될 사람을 인도하려고 나타나는 꿈을 꾼다. 장공은 그 무렵 급성간염을 앓던 시기였는데 아버지가 꿈에 다녀가신 일을 "죽지는 않을 거라는 예표"로 받아들인다. 둘째 의미는 장공은 평생 아버지를 복음에 순명하도록 전도하지 못한 것을 후회한다. 아버지도 당신이 사랑하고 믿는 아들이 목숨 바쳐 일하는 복음세계에 입문하려고 여러 번 시도했다. 그러나 김호병 씨의 높은 유교적 지혜, 윤리, 삶의 철학을 당시 시골에 온 전도자들의 설교로는 압도할 수 없었다. 아버지와 아들 사이에 피차 가졌던 평생의 회한을 이 꿈은 '화해의 사랑'으로 극복해주는 꿈이다. 장공은 죽음 이후 영생하는 천국이 있음을 확실하게 믿었던 신앙인이었다.

제20강

복음과 역사적 종교들의 관계

【장공의 글 읽기】

종교는 각기 그 형성 과정에서 특이한 전통과 예식과 건물 양식과 율례律例를 갖고 있습니다. 겉으로는 별스럽게 보이지만, 그 원점은 하나입니다. 불교의 자비, 기독교의 사랑, 유교의 인仁, 천도교의 인내천人乃天 모두가 인간 존중과 인간 사랑과 인간 구원과 진리 탐구 등입니다. 소위 고등 종교에는 높은 윤리가 요청되고 있습니다. 그 높은 윤리를 생활화하는 길에는 다소 다른 데가 있지만, 그것 때문에 종교 전쟁을 일으킬 정도로 과민한 시대는 지났습니다.

별스럽게 굴지 않는다, 「전집」 제18권, 474쪽

한국은 종교적으로 축복받은 나라입니다. 무아해탈無我解脫의 불교, 높은 윤리의 유교, 사랑의 기독교, 인내천의 천도교, 그밖에 원시 종교의 형태를 가진 여러 유사종교類似宗教가 있습니다. 우리에게 넓은 사랑만 생동한다면 모두가 한 몸으로 통할 것입니다. 모두가 별스럽게 보이지 않고 사랑스럽게 보일 것입니다. 세속 친구보다 훨씬 더 가까운 동지同志로 될 것입니다.

별스럽게 굴지 않는다, 「전집」 제18권, 474쪽

한국에서 가장 오랜 한족韓族 종교인 환단시대桓檀時代의 고신도古神道에도 그 삼일신관三一神觀이라든지 높은 윤리와 그 수련 과정이라든지에서 배울 점이 많다고 본다…삼국시대의 불교, 조선시대의 유교 등등이 한국 민족의 정신적, 도덕적, 영적 지도자 또는 지도 기관으로 크게 공헌한 것은 부정할 수 없을 것이다. 서산대사나 사명당 같은 불교계의 거인들이 임진왜란 때에 우리나라와 민족을 위기에서 구출하려고 전장에 뛰어든 것은 한국 민족 전체가 높이 존경해야 할 것이다. 유교의 충효사상이 국난에 기여한 것은 더 말할 것도 없겠다.

토착종교에의 기대, 「전집」 제18권, 98쪽

요컨대 우리 한국인은 원시종교인 무교巫敎는 논외로 하고 유교, 불교 등 기독교 아닌 다른 종교를 받아들인 이후만 하더라도 약 1,500년의 긴 역사를 이룩해온 것이다. 좋든 궂든 이것이 한국인의 체질을 형성하고 있으며, 한국 사회생활의 전형典型을 조성하고 있는 것만은 사실이다. 복음을 전하는 자와 그것을 받는 자와의 교통이 성립되기 위하여는 우선 접촉면接觸面이 만들어져야 한다. 여기에서 접촉이란 물리적인 의미가 아니다. 인격과 인격의 만남, 마음과 마음의 통함을 의미한다.

비기독교적 종교에 대한 이해, 「전집」 제7권, 341쪽

우리나라에 초대 선교사들은 이 점에서 너무 고자세高姿勢였다고 생각된다. 그들은 한국인과 한국문화를 하나의 공백空白과 같이 다루고 있었다. 무엇이 있었다 해도 그것은 일고의 가치도 없는 악의의 소산이라 하여 일망타진을 기도했던 것이다. 불당佛堂의 불상佛

像이나 유가儒家의 제사를 단순한 우상숭배로 치부하고 그 박멸을
기도했다. 유교 윤리의 초석인 효가 제사에서 추원감모追遠感慕의
정情을 표현한 것임을 미처 생각하려 하지 않았다. 이런 것이 불필
요한 거침돌(stumbling block)이 되어 한국인의 복음 이해에 막대한
지장을 가져왔던 것이다.

비기독교적 종교에 대한 이해, 「전집」 제7권, 341쪽

　하나님의 사랑은 또한 말씀 즉 로고스Logos로 창세 이래 무수한
지자智者, 현인賢人, 선인善人 등에 역사役事하여 오늘에 이르고 있
다고 믿는다…우리는 타 종교가 악마의 소산이라는 것보다는 자유
하시는 성령聖靈의 역사役事에 의한 하나님의 단편적인 말씀이라고
보는 것이 더 타당하다고 생각한다. 받는 인간의 정황情況이 어스름
달빛처럼 희미한 데서 그 나타남이 흐리고 또 단편적인 것으로 된
것이라 하겠다. 이것이 그리스도에게서 완전함을 이루었다.

비기독교적 종교에 대한 이해, 「전집」 제7권, 342쪽

【내용 새김】

제20강은 기독교가 다른 종교 혹은 이웃 종교를 어떻게 생각해야
하는가의 문제에 대하여 이런저런 글에서 말씀한 내용 가운데 중요

한 발언들을 골라본 것이다. 21세기에 들어와서부터는 세계교회협의회와 가톨릭교회에서는 '다른 종교(Other religion)'라는 용어 대신 '우리 이웃 종교(Our Neighbour's religion)'라고 부른다. 이렇게 그리스도교 밖의 다른 종교들에 대한 태도가 근본적으로 바뀌게 된 계기는 가톨릭의 제2차 바티칸공의회(1962-1965) 이후부터였다.

지난 1,900여 년 동안 로마가톨릭교회는 그리스도교만이 유일무이한 진리의 종교요 구원의 종교라고 배타적인 주장을 해왔고, 아시아의 종교들(힌두교, 불교, 유교 등)은 말할 것도 없고 개신교(기독교)마저도 인정하기를 거부하면서 독단과 독선적 입장을 지속했다. 그러던 로마가톨릭교회가 제2차 바티칸공의회를 통하여 이 문제를 깊이 논의하고 중요한 공식 문서 두 가지를 결의문으로 발표했는데, '종교자유에 관한 선언'과 '비그리스도교에 관한 선언'이 그것이다.(한국천주교중앙협의회 발행, 제2차 바티칸공의회 문헌, 605-632쪽 참조)

특히 힌두교, 불교, 이슬람교, 유대교, 기타 종교들 속에 구원의 진리와 숭고한 윤리와 진선미가 있음을 인정하고 이것들이 모두 하나님의 보편적 계시의 결실로 본다. 존경과 상호 배움과 협력을 통해 인류의 평화와 복지 증진을 위해 함께 노력해야 한다고 천명한 것이다. 하나님의 보편적 사랑은 그 누구도 가리지 않으며 또한 모든 인간 안에 하나님의 형상이 있으므로, 혈통, 피부색, 사회적 조건, 종교 차이 등을 빌미로 그들을 차별하거나 박해하는 것은 그리스도의 뜻에 어긋난다고 선언했다.

기독교와 이웃 종교와의 관계에 대한 장공의 글은 제2차 바티칸공의회 문헌이 발표된 때(1965)보다 더 앞서서 같은 입장의 신학적 글을 「기독교사상」 등에 발표하여 이 문제에서 바른 길을 인도하는 선구자가 되었다.

유교 집안에서 태어난 장공은 유교가 지닌 높은 윤리성과 철학적 세계관을 부친으로부터 배우면서 자랐다. 그러나 장공은 종교학적 비교연구를 통해서가 아니라 성령의 감동감화를 통해서 영적인 눈과 마음이 열리면서 예수 그리스도의 복음진리에 들어온 사람이다. 장공에게 예수는 석가모니, 공자, 맹자, 노자, 소크라테스 등 인류의 성현들과 같은 '위대한 인류 스승들' 차원을 넘어선 그리스도, 곧 구주였다. 그리스도 예수의 삶과 교훈, 십자가상의 죽음과 부활 안에서 장공은 하나님의 특별하신 계시를 보고 느끼고 체험했다. 그러한 자신의 실존적 경험과 지적 정직성을 가지고 기독교와 이웃 종교의 관계를 정립하고 있다.

첫째, 한국 사회는 전형적인 종교 다원 사회임을 직시하고 인정해야 한다는 것을 강조한다. 개신교가 한국민에게 공식적으로 전래된(1885) 시기, 곧 130년 전보다 훨씬 더 옛날부터(지금부터 1,600년 전부터) 불교와 유교는 이미 한국민 속에 들어왔다. 불교, 유교, 선도仙道 등은 한민족의 종교적 정신적 지도 원리가 되어와서 가치관의 체질을 형성하고 사회적 삶의 전형典型을 이루고 있다.

젊은 선교사들이 동아시아 종교문화를 깊이 이해하지 못하고 한국엔 종교다운 종교가 없다고 본 것이나, 혹 있더라도 미신에 불과하기 때문에 일망타진의 대상이라고 본 것은 잘못임을 지적한다.

물론 기독교 전래 당시 전통 종교인 불교나 유교가 건강하고 생동력 있는 모습을 보여주지 못한 채 고루하고 정체된 종교였음은 부정하지 못한다. 그러나 선교사들이 제사 제도가 부모나 조상에 대한 효심의 종교적 표현 곧 추원감모追遠感慕임을 고려하지 않고 '우상숭배'라고 질타하여 배타적으로 박멸한 것은 지혜로운 선교 정책이 아니었다고 본다.

둘째, 장공은 예수 그리스도의 복음이 한민족에게 전해지기 전에 우리 조상들이 귀의하여 신앙해오던 불교, 유교 등의 종교를 어떻게 이해하는가? 히브리서 첫 장 첫머리에 이런 말씀이 있음을 떠올린다. "옛적에 선지자들을 통하여 여러 부분과 여러 모양으로 우리 조상들에게 말씀하신 하나님이 이 모든 날 마지막에는 아들을 통하여 우리에게 말씀하셨으니…."(히1:1-2) 장공은 하나님의 보편적 인류 사랑과 로고스를 통한 하나님의 보편적 계시와 섭리를 믿는다. 옛적에 선지자들을 통하여 여러 부분과 여러 모양으로 이스라엘 백성의 조상들에게 말씀하신 하나님을 믿는다. 그 하나님이 이스라엘 백성 이외는 모두 멸망할 자식들이라고 내치며 어두움과 미신과 악마에게 맡겨놓으신 하나님일 수 없다. 창세 이래 무수한 지자智者, 현인賢人, 선인善人에게 역사役事하신 하나님이 그의 아들 예수 그리스도 안에서 결정적으로 자신을 계시하셨다고 믿는다.

셋째, 장공은 이웃 종교들과의 관계에 있어서 기독교인이 취할 자세는 "어느 종교가 더 우월한 진리의 종교인가?"를 따지는 교리 논쟁, 신학 논쟁은 아무런 효율성이 없고 관용, 겸손, 사랑의 실천으로 기독교가 진리임을 증언해야 한다는 것을 강조한다.

넷째, 역사적 종교들은 그 형성 과정에서 특이한 전통, 종교의식, 건축 양식, 율례律例 등을 갖추게 마련이다. 캐나다 종교학자 캔트웰 스미스 교수는 이것을 '축적된 전통'이라고 불렀다. 종교 간의 만남에서 '축적된 전통'을 외면적 측면에서만 본다면 이웃 종교들은 거의 이해하기 어렵고 항상 낯설고, 두렵고, 이질적이라고 생각하게 된다. 그러나 겉모습이 아니라 각 종교들 내면의 정신, 곧 종지宗旨에 관심을 갖고 보면 불교의 자비, 유교의 인仁, 천도교의 인내천 등이 모두 "인간 존중과 인간 사랑과 인간 구원과 진리 탐구"에서 서로 통하고 그 원점原點은 하나라고 장공은 본다. 따라서 이웃 종교에 대하여 배타적 태도를 취하는 것은 무지의 소산이거나 광신적인 교리주의자들의 경거망동일 뿐이어서 기독교 사랑의 정신을 도리어 훼손한다는 점을 강조하는 것이다.

그리스도인들은 하나님의 우주적 보편성과 사랑과 섭리를 믿는다. 그리고 예수 그리스도 안에서 온전하게 성취된 복음의 구원 능력을 믿는다. 그리고 성령의 감동감화가 전 인류를 어머니 사랑처럼 감싸고 '말할 수 없는 탄식'으로 기도하며 동행함을 믿는다. 그러므로 이웃 종교에 대하여 경계심을 갖거나 배타심을 가질 이유가 없다. 선한 일에 협력하고 서로 배울 것은 경청하되, '생활신앙'을 통하여 복음을 세상 속에서 증언해야 할 것이다.

제21강 / 장공의 좌우명: 성실성과 단순성과 비움의 미학

【장공의 글 읽기】

장공의 좌우명

장공은 젊은 시절부터 열 가지 좌우명座右銘을 정하여 바로 살고
자 노력하였다. 소천하시던 해(1987년 1월 27일), 자그마한 액자에
담긴 붓글씨로 쓴 좌우명이 거실에서 발견되었다.

1. 말을 많이 하지 않는다.

2. 대인 관계에서 의리와 약속을 지킨다.

3. 최저 생활비 이외에는 소유하지 않는다.

4. 버린 물건, 버려진 인간에게서 쓸모를 찾는다.

5. 그리스도의 교훈을 기준으로 '예'와 '아니오'를 똑똑하게 말한다.

   그 다음에 생기는 일은 하나님께 맡긴다.

6. 평생 학도로서 지낸다.

7. 시작한 일은 좀처럼 중단하지 않는다.

8. 사건 처리는 반드시 건설적 민주적 절차를 밟는다.

9. 산하山河와 모든 생명을 존중하여 다룬다.

10. 모든 피조물을 사랑으로 배려한다.

『김재준 평전』 개정판, 103쪽

장공 가훈 5장

2001년 11월, 경동교회에서 가졌던 장공 유품 전시회에서 유가

족 김관용 장로께서 공개한 장공의 가훈5장家訓五章은 아래와 같다.

1. 성실(誠實: 思無邪)

2. 정결(淨潔: 心身無汚)

3. 정돈(整頓: 各物有所)

4. 건설(建設: 創意開發)

5. 봉사(奉仕: 苦樂分擔)

【내용 새김】

제21강의 내용은 굳이 내용 새김을 통해서 사족을 붙일 필요 없이 그 내용 자체로써 독자들에게 많은 감동을 주고 우리 자신을 되돌아보게 한다. 그렇긴 하지만, 필자가 느낀 점을 간추려 피력하고자 한다.

좌우명은 젊은이들이 자신의 일생을 걸어가는 삶의 과정에서 목적이 흐트러지거나 생활 자세가 나태해지는 것을 스스로 절제하고 성찰하기 위해 정해놓고 조석으로 자기를 살피는 것을 목적으로 한다. 우선 우리는 장공 선생이 여든일곱에 타계하실 때까지, 젊은이들처럼 좌우명을 서재나 거실에 놓고 자기 자신을 성찰했다는 삶의 자세에 놀람을 금할 수 없다.

좌우명 1과 2는 말을 많이 하지 않는다는 것과 대인 관계에서 의리를 지킨다는 것이다. 장공은 과묵한 편이었지만 도무지 말을 아니하고 입을 다문 '돌부처' 같은 분은 아니었다. 제자들에게, 교인들에게 해줄 말씀이 있으면 조용조용 말씀해주는 자상한 스승이었고, 동지들과 뜻이 의기투합하면 긴 시간 말씀을 나누기도 했다.

그러나, 불필요한 말을 많이 하지 아니함은 타고난 성품 탓도 있겠지만, 유년시절부터 몸에 익힌 유가 선비의 수신修身의 태도가 몸에 배어서가 아닌가 한다. 퇴계 등 유학자들은 홀로 있을 때 삼가며, 항상 깨어 있으며, 말을 함부로 많이 하지 말라고 가르쳤다. 대인 관계에서 의리와 약속을 지키는 것은 성실함의 중요성을 말한다. 손해가 생기더라도 내 편에서는 약속과 의리를 지킨다는 것이다. 하나님이 인간의 배반에도 불구하고 피조물 인간에게 태초의 약속을 지키신 것을 본받은 것이다.

좌우명 3과 4는 장공의 경제생활 철학과 특히 교육자로서 제자를 기르는 뜻과 관계된다. 장공이 청년시절, 처음 예수를 접하여 그리스도인으로서 영적으로 거듭났을 때, 예수님 다음으로 그의 마음을 사로잡은 성자는 성 프란치스코였음을 우리는 잘 알고 있다. 그는 성 프란치스코를 자신의 '수호성자'라고 부를 만큼 흠모했다. 성 프란치스코의 청빈정신은 장공의 일생을 지배하는 그리스도인으로서의 삶의 제1원리였다. 젊은 시절만이 아니라 노년기에도 장공은 물질 생활면에서 청빈하게 살고자 했다.

"버린 물건, 버려진 인간에게서 쓸모를 찾는다."라는 좌우명은 기독교 복음의 본질이 특히 그러하기 때문이다. 예수는 병든 자, 약한 자, 버려진 자를 찾으러 왔다고 했다. 장공의 제자들 중에는 세상의 판단 기준으로 볼 땐 경쟁에서 탈락한 자, 신체가 병들어서 공부할 기회를 놓친 자, 당시엔 쓸모가 없다고 판단되는 인물들이 많았는데, 장공의 문하에 받아들여지고 연단 받음으로써 깨어진 인격을 다시 찾고 학문을 수련하여 훌륭한 목사가 된 사람이 유독 많다.

좌우명 제5는 장공의 삶의 위대성 혹은 비범성이 표출되는 비밀 창고이다. 예수님의 계명을 순명한 삶이다. "너희는 예 할 것은 예 하고 아니오 할 것은 아니오 하라!" 그러나 인생을 살아본 사람은 정직하게 고백하지 않을 수 없다. 그 단순한 주님의 계명대로 살기가 얼마나 어려운지를 실감할 수밖에 없다. 그런데 장공은 그렇게 살았다.

'예 할 것과 아니오 할 것'의 판단 기준은 자기 자신의 가치 기준이 아니라 '그리스도 교훈을 기준으로!'라는 것이 첫째 중요하다. 특히 제5좌우명이 우리에게 감명을 주는 것은 그 후반부 말씀이다. 우리가 특히 공인公人으로서 '예와 아니오'를 똑똑하게 말하지 못하는 이유 중 하나는, 그렇게 말하고 행동할 때 닥치게 되는 기존 질서의 혼란과 혼돈, 다음 대책의 미비함에 대한 염려 등이 결단의 발목을 잡는다. 그런데 장공은 "그 다음에 생기는 일은 하나님께 맡긴다."는 믿음으로 하라는 것이다.

좌우명 제6, 7, 8은 장공의 일생 전체를 보면 좌우명대로 사신 분이라는 생각을 아니 할 수 없다. "평생 학도로서 지낸다."는 것은 정신 세계가 녹슬거나 정체되지 않도록 늘 새로움을 경청하고, 독서를 계속하며, 인문과학이나 사회과학이나 자연과학 분야에서 새롭게 발견되는 진리의 소리에도 열린 자세를 취한다는 것이다.

목사 후보생이 신학교육 5년 또는 7년을 마치고 교회 현장에 나가면 신학의 수업이 끝난 것이 아니다, 본격적으로 시작되는 것이다. 목회자와 그리스도인이 말년에 무료함을 느낀다는 것은 있을 수 없는 일이다. 평생 학도로 지낸다는 자세를 가지고 실천하면 육신은 늙어가도 정신은 언제나 푸른 청년이 된다.

시작한 일은 좀처럼 중단하지 않는다는 말씀을 들으면, 함경북도 창꼴마을에 개간된 3만 평의 밭을 묵묵히 이랑 따라 멍에를 지고 밭을 가는 누렁이 소를 연상케 한다. 장공은 복음 전하는 자, 신학 교육자, 인권과 민주통일 운동가로 시작한 일을 좀처럼 중단하지 않고 평생을 달려간 분이다. 일에서 요령을 부리거나 세상 사람의 평가에는 관심이 없었다. 옳다고 생각하고 해야 할 일이라고 판단되는 일에 우직하게 성실할 뿐이다. 판단은 하나님 아버지께서 장차 하실 것이다. 장공이 민주화 운동에 관여하면서 좌장 역할을 할 때 회의에서 안건 처리를 민주적인 절차를 밟아 진행한 일은 관계된 사람들이 모두 존경하던 일이었다.

마지막 좌우명 9와 10은 지구 생태계 위기와 기후 붕괴가 일어나기 이전부터 장공의 좌우명이었다. 기장 여신도들에게 격려와 함께 향후 교회가 집중하고 힘써야 할 주제를 "생명, 정의, 평화"의 휘호로 내려준 것은 시대를 꿰뚫어 보고 하나님의 뜻을 전하는 '20세기 예언자 역할'을 유감없이 드러낸 것이다.

제 22 강

/

새벽날개 타고: 이곳과 저곳

새벽날개 타고

1. 이 우주는 하나님 집 / 하늘 위, 하늘 아래 / 땅 위, 땅 아래 /
   모두 모두 아버지 집 / 새벽날개 햇빛 타고 / 하늘 저편 가더라도 /
   천부님 거기 계셔 / 내 고향 찾아가네 /
2. 이 눈이 하늘 보아 / 푸름이 몸에 배고 / 이 마음 밝고 맑아 /
   주님 영광 비취이네 / 새벽날개 햇빛 타고 / 하늘 저편 가더라도 /
   천부님 거기 계셔 / 내 고향 마련하네 /
3. 땅에서 소임 받아 / 주님 나라 섬기다가 / 주님 오라 하실 때에 /
   주님 품에 옮기나니 / 새벽날개 햇빛 타고 / 하늘 저편 가더라도 /
   천부님 거기 계셔 / 내 고향 마련하네.

장공의 신음, 「장공전집」 제17권, 49쪽

죽음을 넘어서도 하나님 형상은 말살되지 않는다. 하나님 형상은 물질이 아니기 때문에 흙에 묻힐 수도 없고 묻어도 썩을 수가 없다. 따라서 인간의 죽음이란 인생의 피리어드period가 아니고 하이픈hyphen이다. 인간이 허무를 느끼고 자살하는 일이 있지만 자살 이후의 세계가 '무無'란 것을 누가 알 것인가? 진화론적으로 말한다면 하나님이 몇 억만 년 걸려서 하나님과 통할 만큼 영적 존재자로까지 밀어올린, 무엇으로도 바꿀 수 없을 '인간'인데, 마치 자기가 자신의 절대 주격인 양 흙덩이 부수듯 스스로를 파괴하고 금강석을

돼지에게 던져 버리는 행위를 죄 없다 할 수 있겠는가?

인간이란, 「전집」 제18권, 189쪽

우리가 소위 하관식을 할 때 "육신은 흙에로, 영혼은 하늘로"라는 선언을 한다. 그러나 그렇게 분리된 존재로서의 인간은 '인간'일 수가 없다. '산 몸'이 아니기 때문이다. 그러나 '영'으로서의 인간, 영체로서의 '몸,' 생명의 주主이신 하나님 날개 안에 품긴 인간의 작은 생명인 경우에는 인간 생명의 영성靈性과 영생永生, 그 몸의 영화靈化 등을 기대할 수 있다. 우리는 이 점에 있어서 그리스도의 경우를 생각하게 된다. 그리스도 신자는 그리스도의 십자가에서 속죄의 죽음을 보고 그리스도의 부활에서 영원한 생명의 '영체靈體'를 본다.

역사의 원점을 찾아서, 「전집」 제18권, 80쪽

가톨릭 신부로서 세계적인 과학자요, 인류학자요, 제일급 고고학자요, 종교학자요, 역사학자요, 문학자인 테야르 샤르댕은 다윈의 환경론적 진화론을 탈출하여 생명 자체에 내재한 진화 의욕을 진화의 역동력(dynamics)으로 생각했답니다. 그 생명적 진화의 역동력은 '사랑'인데 그것은 전全 우주적인 것이라 했습니다. 그리스도의 십자가는 사는 길이요, 살리는 길이요, 그의 부활은 영원한 생명의 성취였다고 했습니다. 그것은 사랑의 극치이기 때문입니다. '육신은 무익하니라'가 아니라, 하나님 사랑 안에서 몸이 영의 몸으로 변질하는 것이라 하겠습니다. '정신적 영계(Noosphere)'에서 영의 몸으로 변화하여 자유하는 것이겠습니다.

범우주적 사랑의 공동체, 「전집」 제16권, 351쪽

　간 사람, 있는 사람, 보이는 사람, 안 보이는 사람, 남과 나, 선배와 후배, 모두모두 '전 우주적 사랑의 공동체' 안에서, 하나님과 그리스도와 인간과 자연과 모두 얽혀 한몸 되는 그 날이 오면, 이 늙은 부모도 다시 너를 몸으로 만날 수 있을 것이다. 잘 있거라. 정자야 잘 있거라. 그 날이 올 때까지!

정자에게, 「전집」 제15권, 414쪽

【내용 새김】

장공의 '생활신앙 깊이 읽기'의 마지막 주제는 종교의 궁극적인 문제요, 인간의 영원한 문제인 죽음과 죽음 이후에 관한 주제를 다룬다.

　신약성경 공관복음서에 공통적으로 나타나는 '부활 논쟁'은 마지막에 "하나님은 죽은 자의 하나님이 아니요 살아 있는 자의 하나님이시니라."(마22:32, 막12:27)라는 말씀으로 논쟁을 마무리한다. 혹자는 그러한 성구에 근거하여 예수 종교의 본령은 살아 있는 인간의 공동체에서 어떻게 인간다운 삶을 살 것인가의 문제를 다루는 데 있는 것이지 사후생 문제는 관심도 없고 기독교의 본령이 아니라는 생각을 가진 사람도 있다.

그러나, 위 성구의 문맥을 자세히 보면 결코 그런 의미가 아니다. 그래서 같은 '부활 논쟁'의 마지막 결론을 마태복음서나 마가복음서에서처럼 내리지만 누가복음은 한 구절을 더 첨부하고 있다. "하나님은 죽은 자의 하나님이 아니요 살아있는 자의 하나님이시라. 하나님에게는 모든 사람이 살아있느니라."(눅22:38).

사실 그렇다. 그리스도교와 성경은 살아 있는 자들이 생물학적으로는 살아 있다고 하지만 인간다움과 영적인 측면에서는 죽은 자들과 마찬가지이기 때문에 산 자들의 바로 살기에 관심이 많고, 죽음 그 자체 문제보다 '죽임의 권세, 죽이는 세력들과 그 구조악의 극복'에 더 많은 관심을 기울이는 것도 사실이다.

그 점을 인정하더라도, 종교가 죽음 문제를 진지하게 다루지 않으면 존재할 필요가 없다. 의학, 심리학, 상담학, 윤리학, 사회학, 정치학 등이 모두 살아 있을 때의 인간사 문제는 더 잘 해결해줄 수 있기 때문이다. 종교가 죽음 문제를 소홀히 하고 죽음과 죽음 이후 문제를 소외시키면 삶의 문제가 경박해지고 삶 그 자체가 소외되고 만다. 그리스도교 또한 마찬가지이다. 교리적 정통 보수주의자들이 장공을 폄하하거나 단죄하길, 장공은 인본주의자요, 자유주의 신학자요, 예수 그리스도의 부활과 그리스도인의 영생신앙을 부인하는 자라고 터무니없는 비방을 한 적이 있다.

장공은 애재자 죽재竹齊 서남동 교수의 하관식에 참석하고 나서 일기에 그렇게 적어놓고 있다.

"죽재가 한줌의 흙으로 사라진다고 도저히 동의할 수 없다. 우리가 다 알 수 없는 우주적 신령계에 그의 생명은 들어간 것이다. 그는 어떤 형태로든지 살아 있다." 장공은 87세를 살았기 때문에 인간 생명이 자연에서 나와 살다가 자연으로 돌아가는 순환적 생명원리를 두려워하거나 죽음에 대한 공포가 있어서 애제자의 죽음에 대해 이렇게 기술한 것이 아니다.

인간은 그 생명 하나하나가 영글기까지 하나님이 30억 년 이상 생명농사의 시간을 투여한 존재이다. 더욱이 그 몸 안에 하나님의 형상을 지니고, 하나님을 아버지라 부르며, 진선미를 이뤄가며 진지하게 한 인격적 삶을 평생 살았는데 한줌의 티끌로 사라진다는 것은 하나님의 영광과 신실하심에 어울리지 않고 큰 손상을 입는 것이라고 장공은 생각했다.

장공은 자녀들 중에서 맏딸 정자를 먼저 보내는 아픔을 부모로서 평생 간직한 아버지였다. 장공은 종말의 날 "전 우주적 사랑의 공동체" 안에서 단순한 정신으로서가 아니라 신비하게 변화받은 영체로서, 영적 몸을 새롭게 갖춘 딸을 만날 것을 굳게 믿었다. 그리고 생애 말년에 '새벽날개 타고'라는 신앙시를 남긴다. 이 종교시는 그의 종말론적 영생신앙을 노래한 것이다.

이 우주는 하나님의 집이라고 노래한다. 천문학과 자연과학이 밝힌 것보다 이 우주 곧 하나님의 피조세계는 신비하다고 고백한다. "하늘 위 하늘 아래, 땅 위 땅 아래"라는 표현은 가시적이고 경험과학적 탐구가 가능한 세계만이 아니라, 불가시적이고 현재 인간의 자연과학 방법으로는 다 밝혀내지 못하는 초자연적인 영계도 모두 하나님의 집이라는 것이다. 그리고 자연계와 초자연계는 분리되어 있는 것이 아니라 차원이 각각 다를 뿐 '하나의 세계'라는 것이다.

요즘 자연과학, 특히 뇌과학이라고 불리는 영역 안에서 최고 수준의 전문학자들 사이에 첨예한 견해 차이가 일어나고 있다. 가령 세계적인 신경생물학 교수인 제럴드 에델만Gerald M. Edelman이 대표하는 견해는 인간의 마음, 정신, 영혼의 기능이란 결국 뇌라고 말하는 복잡한 신경세포의 배열과 관계성에서 발생하는 전자기적-생화학적 결과라고 주장하는 것이다. 소위 생물학적이고 물질환원주의 이론이다.

다른 한편, 뇌과학 연구자이면서 의과대학 신경정신과 전문교수요 뇌수술 전문가인 이븐 알렉산더Eben Alexander는 자신 스스로 임사 체험을 경험하고 깨어나서 뇌 전문가로서 임사 체험 기간의 경험과 뇌와의 관계성 여부를 철저히 검토했다. 그의 결론은 뇌세포의 조직과 기능이 인간의 정신 현상에 중요한 역할을 하지만, 마음이나 영혼이 물질로 이루어진 뇌의 부수 현상이 아니라고 주장하는 책을 펴냈다. 가령 컴퓨터나 텔레비전은 그것 자체가 하드웨어로서 소프트웨어 프로그램이 빚어내는 영상과 소리를 발현시키고 들리게 하지만 소프트웨어 프로그램은 독립하여 존재하듯이, 영계도 있고 영혼도 존재한다는 주장이다. 오랫동안 정신주의와 물질주의는 인류사에서 서로 싸워왔다. 철학적으로 거칠게 말한다면 플라톤 제자들과 아리스토텔레스 제자들 사이의 싸움이요, 관념론과 경험론의 투쟁이었다. 기독교 신앙은 인간 이해에서 근본적으로 순수 관념주의나 순수 물질주의를 동시에 부정한다. "야훼 하나님이 땅의 흙으로 사람을 지으시고 생기를 그 코에 불어넣으시니 사람이 생령이 되니라."(창2:7) 하는 말씀이 그것이다. 비록 소박한 고대 신화적 표현으로 기술되어 있지만, 단순한 신화 이야기가 아니다. 인간의 신령한 생명체는 단순한 물질 분자 집합체가 아니며, 물질 이상의 그 무엇이 생령으로서 인간됨에 필수불가결하다는 것이다.

장공과 사도 바울은 예수 그리스도의 부활체를 믿으며, 우리도 신령한 몸을 죽음과 동시에 덧입을 것을 믿는다. 바울의 "육의 몸으로 심고 신령한 몸으로 다시 살아나나니, 육의 몸이 있은즉 또 신령한 몸도 있느니라."(고전 15:44)라는 증언을 아멘으로 고백한다.

장공 김재준 목사 연보年譜

1901년 9월 26일(양력 11월 6일) 함경북도 경흥에서 부모 김호병 씨와 채성녀 씨의 2남 4녀 중 둘째아들로 출생

1905~1910	아버님이 훈장이신 서당에서 천자문과 유교경전을 암송하며 배움
1910~1916	원향동소학교 편입, 고건원보통학교 졸업, 회령간이 농업학교 졸업
1916~1918	회령군청 간접세과 고원으로 취업
1918	장석연 씨의 맏딸 장분녀와 결혼, 슬하에 3남 3녀(정자, 신자, 혜원, 은용, 경용, 관용)를 둠
1918~1920	회령군청에서 옹기금융조합 직원으로 전직. 만주, 시베리아로 망명하는 애국지사들을 수시로 보며 민족의식이 싹트기 시작
1920	서울 남대문교회 송창근 전도사의 방문을 받고, 나라와 교회를 생각하며 큰 뜻을 품음
1920~1923	YMCA를 통하여 이상재, 윤치호, 신흥우 등의 강연을 듣고 신문화 흡수에 전력함. 톨스토이와 성 프란 치스코 전기 등을 탐독하고 청빈사상에 큰 영향을 받음. 서울중동학교 속성 고등반 편입, 서울 중앙 YMCA 영어 전수과 수학
1924	김익두 목사의 설교를 듣고 예수를 믿기로 회심(승동교회 장로교연합사경부흥회), 승동교회 김영구 목사로부터 세례를 받음
1924~1926	함북 경흥 용현소학교, 귀낙동소학교, 신아산소학교에서 교사
1928. 3.	일본 동경 청산학원 신학부 졸업

1928. 9~1932. 9.   미국 프린스턴신학교, 웨스턴신학교에서 수학(S.T.B, S.T.M)

1933. 4.   평양 숭인상업학교 교유(교목 겸 교사) 취임

1933. 8.   평양노회 강도사(준목사) 인허

1936. 8.   간도 용정 은진중학교 교유 취임

1937. 3.   동만노회에서 목사 임직, 은진중학교 교목 겸직

1937. 5.   개인 잡지 월간《十字軍》창간, 1938년 2월까지 발간

1939. 9.   김대현 장로의 부름으로 서울 조선신학원 설립 실무 담당

1940. 4.   조선신학원 교수 취임

1940. 5.   조선신학원 원장 취임

1940. 9.   조선신학교 교장 취임

1945. 12. 6.   경동교회 설립

1946. 1.~1958. 6.   경동교회 당회장

1946. 3.   조선신학교 교장 사면, 교수로 재직

1950. 1.   《十字軍》속간, 1951년 8월까지 속간 30호 발간

1954. 5.   한국신학대학 부학장 취임

1958. 10.   캐나다 브리티시 콜롬비아 주립대학교 유니온대학에서 명예
신학박사 학위 받음

1959. 9.   한국신학대학 제6대 학장 취임

1961. 8.   한국신문윤리위원회 위원

1962. 9.   군사정부의 정년제에 의해 한국신학대학 학장 사임, 명예교수

1963. 1.   대한일보 논설위원(10년간)

1965. 4.   한국신학대학 명예학장

1965. 9.   한국기독교장로회 제50회 총회 총회장

1965   한일 굴욕외교 반대 국민운동 주도

1966. 9.~1970. 9.	학교법인 한신학원(한국신학대학) 이사장
1969	삼선개헌반대 범국민투쟁위원회 위원장
1970. 9.	《제3일》 창간, 1974년 4월까지 44호 발간
1971. 4.	공명선거를 위한 민주수호국민협의회 대표위원
1972. 3.	국제사면위원회(Amnesty International) 한국위원회 창립 초대 이사장
1973. 11.	반유신 민주화투쟁의 효시인 '유신헌법 반대 민주 회복을 위한 지식인 15인 시국선언' 발표
1974. 3.	캐나다 이주
1974. 10.	《제3일》 속간, 1981년 6월까지 속간 60호 발간
1975~1979	한국민주화기독자동지회 의장
1975	북미주 한국인권수호협의회 의장
1978	북미주 민주주의와 민족통일을 위한 국민연합 위원장
1982	북미주 한국민주회복 통일촉진국민회의 의장
1983. 9.	귀국
1985	시국의 중대한 문제를 상의하는 '재야원로모임'에 참여
1987. 1.	고문으로 살해당한 고 박종철 국민추도회 발기인
1987. 1. 19.	함석헌과 함께 '새해 머리에 국민에게 드리는 글'을 유언으로 남김

1987년 1월 27일 오후 8시 51분에 87세의 생애를 마치고 소천

2002년 12월 27일 대한민국 정부로부터 '국민훈장 무궁화장'을 추서받음